Von Domenica ist bei Knaur außerdem erschienen:

Domenicas Kopfkissenbuch (Band 3994)

Dieses Buch wurde auf chlor- und säurefreiem Papier gedruckt.

Originalausgabe Mai 1994

Umschlaggestaltung: Adolf Bachmann, Reischach
Umschlagfoto: Bryce Michael Hall, Hamburg
Satz: Ventura Publisher im Verlag
Reproduktion: Amper Repro, Germering
Druck und Bindung: Ebner Ulm
Printed in Germany
ISBN 3-426-75062-7

10 9 8 7 6 5

Domenica

Körper mit Seele

Mein Leben

Aufgezeichnet von
Hans Eppendorfer

1994

Knaur

1 »Sprich zu mir, damit ich dich sehe«

Ich bin in erster Linie
eine Frau
und gehöre mir selber.
MÜSSEN?
Ich muß gar nichts ...
mein Bett war nie eine Mülltonne;
mein Eigengeruch
gehört mir. Ich glühe nicht
zwischen meinen Beinen:
wer das glaubt, schmort im Hirn.
MACHT
war schon immer ein Brechmittel für mich.
Und MÄNNERMACHT?
Ein bequemer Stuhl, die Fähigkeit,
mit einem Telefon umzugehen,
ein zu großes Auto für eine zu kleine Brieftasche;
ein auswechselbarer HERRENDUFT
und die Skrupellosigkeit,
eine Frau in jeder Hinsicht
über den Tisch zu ziehen ...

Im Waisenhaus

Ich hab ja einmal von meiner Mutter Anna ein rotes Kleid geschenkt bekommen. Von der Firma, wo sie immer die Steppdecken gekauft hat. Und die haben mich mit in den Urlaub genommen, in den Westerwald, haben mir ein rotes Kleid geschenkt, ein Chiffonkleid, ein ganz teures Kleid, und das haben die Nonnen verschwinden lassen. Denn das war ja so schön. Schon wieder ein rotes Kleid, und das Kleid war spurlos verschwunden. Und die Oma kam natürlich regelmäßig alle vierzehn Tage, und sie fragte, wo das rote Kleid ist. Jedesmal hat Oma die Nonnen verrückt gemacht, wo das rote Kleid ist. Das Kleid ist weg.

Ich habe im Waisenhaus auch einmal eine Revolte angezettelt, ich weiß aber heute noch, daß die liebe Mutter ein schönes Gesicht hatte, die Obernonne. Und die hat mich angeschaut, ich habe alles erzählt, wie uns die Schwester so pervers mit den Rollschuhen auf den Kopf schlug, und dann habe ich keine Strafe bekommen, das war damals viel im Waisenhaus. Wenn mir was zu bunt wurde, dann war's mir wirklich zu bunt. Also, Gewalttätigkeiten waren mir ja durch meinen Vater immer zu schrecklich.

Als meine Schwester Angelina das Essen erbrochen hat, war ich noch klein, wir müssen schon in der größeren Klasse gewesen sein, also in höheren Stufen, weil bis sechs war man ja bei der einen Nonne, die dann mit uns bis an die Bude ging. Diesen Kiosk mit Süßigkeiten und Zeitungen auf der Straße, gegenüber dem Waisenhaus. Wir sollten singen »Gute Frau, komm heraus«, aber die gute Frau hat schnell die Tür abgeschlossen. Da die gute Frau selber arm war, konnte sie uns ja kein Bonbon mehr geben, nur einmal, und jetzt sollten wir jeden Tag vor der Bude singen. Aber die gute Frau, wenn die uns von weitem sah, hat schnell zugemacht. Also jedenfalls war ich schon acht oder neun Jahre alt. Angelina war noch kleiner ... Sie hat Essen erbrochen, steht auf dem kalten Flur, und ich hab dann wirklich gedacht, o Gott, o Gott, die ganze Nacht.

Ich konnte ja auch nicht schlafen, weil meine Schwester auf dem Flur stand. Die Nonnen hatten gesagt, Angelina müßte erst das erbrochene Essen aufessen, bevor sie ins Bett dürfte. Da bin ich zu dem anderen Mädchen, Maritta hieß die, und habe ihr gesagt: »Kannst du das nicht essen, damit die Angelina ins Bett gehen kann?« Und dann hat sie das gegessen. Und sie hat so einen Herrenhaarschnitt gehabt, und im nachhinein weiß ich auch, die war wohl lesbisch, aber das hat damit wohl nichts zu tun gehabt, die hat das gegessen!

Ich weiß aber auf jeden Fall, daß die Eltern von dem Mädchen, das habe ich später noch mitgekriegt, die habe ich zufällig noch getroffen, eine Schlachterei hatten. Aber warum war das Kind im Waisenhaus, wenn die eine Metzgerei hatten, ich denke mir, Metzger sind doch reich. Oder die haben da nur gearbeitet. Das Mädchen habe ich wiedergetroffen. Also, sie war wohl

2 »Gewalttätigkeiten waren mir immer schrecklich«

richtig lesbisch. Die hat das Erbrochene von meiner Schwester gegessen.
Aber immer, wenn im Waisenhaus was los war, waren wir's. Aber das war, weil wir italienisches Blut hatten. Wir waren auch nicht so gnadenlos, haben uns alles gefallen lassen. Die anderen Kinder waren alle gebrochen. Wir drei Halbitaliener nicht. Aber das war wirklich das Blut von der Oma und vom Angelo, uns konnten sie nicht brechen. Die anderen Kinder saßen teilnahmslos herum, starrten so vor sich hin und waren in der Schule schlecht und in der Hilfsschule. Ich habe jedes Zettelchen gelesen, das mir in die Finger kam, ich saß nur in der Ecke und habe gelesen. Ich wollte überhaupt nichts damit zu tun haben.
Die andern haben alles mitgemacht. Wir haben uns immer gewehrt gegen Ungerechtigkeit oder Gemeinheit. Aber wir bekamen auch Zirkusverbot, Kinoverbot, jedes Verbot war unser.
Wenn wir was ausgefressen hatten, wurden wir an den Haaren am Bettpfosten angebunden. Das war aber nur eine Nonne, die ist auch gestorben, die Katharina. Das war eine ganze harte. Die Kinderschwester war zum Beispiel ganz lieb. Da haben wir so etwas nie erlebt. Die war nur lieb, die Schwester Josefine. Dann kamen wir in die größere Gruppe, zu den älteren, da war die Schwester Katharina, eine ganz widerliche, harte. Die war bestimmt einen Meter neunzig. Und die hat ein Stöckchen gehabt, und wir mußten die Hände aufmachen, und dann schlug sie drauf. Aber ich habe die Zähne zusammengebissen, ich habe nie geweint beim Schla-

gen. Ich habe nur gedacht, das gönn ich dir nicht. Und diese Katharina ist gestorben, und wir mußten alle um den Sarg herumstehen und uns die tote Katharina angucken.
Ein Mulattenmädchen hatten wir da, und die lag neben mir im Bett, und dann hat sie gesagt: »Domenica, guck mal«, und da war ich vielleicht neun oder zehn, und da guck ich, und dann hatte sie sich die Lakritze auf den Bauch getan, als Stern gemacht, mehr unter dem Bauch. Und da habe ich geguckt und auch irgendeine Regung gespürt, die Stelle war schon erregungsfähig, wo sie die Lakritze hatte. Ich hätte mich gar nicht getraut, von selber, mein ich.
Das mit dem Papst Pius, das habe ich für mich behalten. Daß ich in den verliebt war, das konnte ich doch keinem sagen. Wir hatten ja auch diese schreckliche Erziehung: Da unten rum, da unten rum, da hast du nichts zu suchen. Wenn mein Bruder, als wir älter waren, uns auf dem Hof begrüßen wollte, waren die Jungen und Mädchen getrennt, und der Hof war die einzige Stelle, wo wir zusammenkamen. Als ich dann anfing zu wachsen, da durfte mein Bruder mich noch nicht einmal begrüßen, mein eigener Bruder. Da war das ja schon gefährlich. Das muß man sich vorstellen, auf welche Gedanken die kommen. Wir hatten so ein Planschbecken geschenkt bekommen, da konnte man nicht drin schwimmen, es ging nur so bis zum Knie, und da mußten wir die Kleider – Badeanzug kannten wir ja gar nicht – in die Hosen stecken, und dann durften wir mit den nackten Beinen drin rumplanschen. Da wollte mein

Bruder Hallo sagen, aber sie haben ihn weggezerrt, so ungefähr, die nackten Beine waren auch schon eine Schweinerei. Wir mußten auch stundenlang Beeren pflücken, ohne Wasser trinken zu dürfen.
Ich kann mich erinnern, das ganze Waisenhaus ist einmal zu meinem Vater gegangen, weil ich gesagt habe, mein Vater hat ein Eiscafé. Oh, haben sie gesagt, ein Eiscafé, zwanzig oder fünfzehn Kilometer bis Köln-Mitte sind wir zu dem Eiscafé gelaufen.
Da gehen wir hin, wenn der ein Eiscafé hat. Das muß ich ja sagen, wir waren fünfzehn Kinder, und mein Vater hat auch jedem ein Eis gegeben.

Mit 14 Jahren waren wir mit der
Schulklasse im Theater.
SCHWANENSEE gab's. Und da war ein Junge
mit einem Geigenkasten,
und den fand ich viel interessanter,
dem bin ich gefolgt.
Ich habe alle abgehängt und bin dem
mit dem Geigenkasten gefolgt.
Fand ich viel interessanter. Darum
habe ich SCHWANENSEE
immer noch nicht gesehn.

3 Domenica-Film: Domenica (Nicolette Krebitz) und Regisseur Peter Kern

Die Beichte. Wir mußten ja jeden Samstag beichten. Ob wir was getan hatten oder nicht, die Beichte mußte sein. Ich habe immer dasselbe gebeichtet, ich hab gelogen, ich hab gestohlen, so was in der Art. Und irgendwann, wie ich dann älter wurde, denk ich, na, der kennt dich schon mit deinem gelogen, gestohlen, jetzt mußt du dir was anderes einfallen lassen. Ich hab dann natürlich gesagt, ich hab Unkeusches getan.
»Ja, mit dir oder mit anderen?« Dann hab ich ganz schnell gesagt: »Mit mir.« Was hat er gemacht? Er hat gesagt, ich soll noch mehr beten. Ist ja blöde, nicht, daß man sich was einfallen lassen muß, um noch mehr zu beichten. Aber der war ein hübscher Religionslehrer, den mochte ich auch so'n bißchen.
Ich war ja immer Vorbild in der Kirche. Im Waisenhaus, in der Kirche und nachher, als ich die Schule gewechselt habe nach Köln-Buchheim, wurde ich auch wieder Vorbild. Aber als Vorbeterin, da hatte man wenigstens in der Kirche was zu tun, da brauchte ich unten nicht brav sitzen. Aber einmal habe ich meinen Einsatz verpaßt, und der Küster, das war so ein ganz impulsiver, jedenfalls kriegte ich mittendrin ein Gebetbuch an den Kopf. Und meine Schwester hat vor meiner Kinderkommunion mein Gebetbuch aufgefressen. Ich kriegte so ein Marzipan-Gebetbuch.
Und einmal waren wir bei Cuneo, diesem italienischen Restaurant auf St. Pauli in der Davidstraße, viele Jahre später, und da kriegten wir so einen Amaretto, und sie riecht dran. »Nee«, sagt sie! Nie mehr konnte die Marzipan essen. Und ich hatte alle im Verdacht gehabt, nur

meine Schwester nicht. Und auf einmal seh ich, wie die schneeweiß wurde und gebrochen hat, und totschlecht war ihr. Und das war ja damals, als meine Mutter geflohen ist, auch aus der Kirche. Und da guck ich sie an und sag: »Du?« Da hatte die mein Gebetbuch aufgefressen. Nie mehr … Cuneo und der Amaretto. Also, es ging nicht mehr.

»Ich habe meinen Körper eingesetzt wie eine Waffe.«

Ich kann mich noch erinnern, mein erster Büstenhalter. Ich war mit Fräulein Christl, die im übrigen immer ganz lieb zu mir war, im Schlafsaal. Die sagte zu mir: »Du brauchst jetzt einen Büstenhalter.« Und dann hat sie mir einen Büstenhalter gegeben. Aber wir haben gar nicht darüber gesprochen, warum ich diesen Büstenhalter brauchte. Ich bekam einen Büstenhalter. Und dann merkte ich auch, daß die Jungens hinter mir her waren. Irgendwie fand ich das dann ja auch interessant, daß die endlich hinter mir her waren. Ich brauchte nicht mehr anders Aufmerksamkeit erregen. Das ging jetzt alles plötzlich von allein.

Ich hab ja auch in der Journalistenschule gesagt: »Ich hab viel mit den Brüsten gemacht.« »Was, wenn Sie die Brüste nicht gehabt hätten«, haben sie gefragt. Nicht gehabt hätten! Vielleicht hätte ich dann meinen Verstand mehr angestrengt oder etwas anderes in Erinnerung gebracht. So hatte ich erst einmal die Brüste und hab gedacht, das andere brauche ich jetzt nicht mehr so sehr. Leider habe ich so große Brüste bekommen, wahrscheinlich hätte ich sonst mein Hirn mehr angestrengt. Ich hätte mich nicht so auf meinen Körper verlassen. Ich hätte meine anderen Qualitäten verbessert oder gesteigert.

Ich bin über die Straße gegangen und merkte, die Reifen quietschten und die Autos hupten, und das fand ich einfach schön. Ich bin mal in Marbella in Urlaub gewesen, und dann hab ich zu einer Kollegin, die fuhr immer mit mir in Urlaub – da war ich aber schon im Puff –, da hab ich gesagt: »Du guck mal, die krachen jeden Moment zusammen«, und ich hab das noch nicht ausgesprochen, peng hat's gemacht.

Gut, so was hat mich amüsiert. Mit vierzehn, muß ich sagen, kann ich mich erinnern, daß ich viel über so eine Brücke ging. Die Autos hielten, fuhren oder hupten, aber wie gesagt, ich hätte andere Qualitäten mehr gesteigert, wenn das anders gelaufen wäre. Wenn ich einen mageren Körper gehabt hätte, wäre ich gar nicht so aufgefallen, schätz ich mal. Aber vielleicht wäre ja auch mein Gesicht dann eher aufgefallen. Nachher allerdings, als ich so siebzehn, achtzehn wurde, habe ich meine Brüste immer noch als Waffe benützt, um alle zu ärgern. Es war mehr so zum Ärgern. Ich weiß gar nicht, warum. Frauen haben sich geärgert, Männer haben sich geärgert, es war eigentlich so, daß ich sie anders hätte einsetzen müssen.

Aber ein bißchen stolz war ich auch drauf. Die wuchsen und wuchsen.

Ich behaupte ja immer, ich hab 'ne Wutbrust. Je mehr Wut ich bekam, je größer wurde die. Wie das Märchen vom Grießbrei war das fast.

Aber in der Schule war ich wirklich immer beliebt. Ich war immer Klassensprecherin, das waren wohl die Beliebten.

Aber das schlimmste Erlebnis, das ich als Kind hatte, das war, als ich sechs Jahre alt war, wo die Nonne mir das Stöckchen in die Hand gegeben hat, und ich schlag

4 »Die wuchsen und wuchsen ...«

meine Schwester, weil die am frechsten war. Und in dem Moment werf ich wirklich das Stöckchen zur Seite und denk, um Gottes willen, das tust du nie mehr wieder. Es war für mich ein ganz schlimmes Erlebnis. Erst hab ich einmal zugehauen, das war das erste Mal in meinem Leben. Und dann merke ich, wie schrecklich das ist und wie grausam und wie leid mir das tat, und dann hab ich gedacht, so'n Stöckchen faßt du nie mehr an. Nee, das Stöckchen hab ich nicht gebeichtet, das kam ja erst viel später wieder in Erinnerung. Erst als ich meine Schwester wieder mal geschlagen hab, kurz vor ihrem Tod, da fiel mir das wieder ein, daß ich sie schon mal geschlagen hab, das hat sie mir nie verziehen. Das war mir dann erst klar, dreiundvierzig Jahre später.

Den Grund, den weiß ich noch. Weil sie bockig war und stockig, sie war wie ein Esel. Sie wollte nicht hören. Meine Schwester war wie zehn Esel. Schrecklich. Die Erinnerung, daß ich meine Schwester schon mal geschlagen habe, das war für mich schrecklich, die Erkenntnis. Dagmar war eine Friseurs-Tochter. Die war lieb. Meine Schwester war mit der kleineren Schwester befreundet. Das waren auch zwei Schwestern. Das war eben im Waisenhaus.

Ich kann mich gar nicht an eine Intimfreundschaft erinnern, ich war immer allein. Ich hatte meine Schwester, und das reichte, und die anderen, da war keine Intimfreundin dabei. Ich hab mich nur für Bücher interessiert. Ich mochte keine Puppen. Ich mochte das alles nicht. Bücher, ja. Lesen, lesen, lesen. Ich weiß nur noch, daß meine Schwester auch ein Mädchen kannte, die gut Mundharmonika spielen konnte, die hatte so 'ne runde Mundharmonika und hat zu meiner Schwester gesagt, wenn sie ihr einen Zungenkuß gibt, dann dürfte sie auch Mundharmonika spielen. Da habe ich ihr die Mundharmonika abgenommen, das weiß ich heute noch, und gesagt: »Ich geb dir eine zu Weihnachten und mach das nie mehr wieder, so was, ein Dreck.« Und dann hab ich das Mädchen geschlagen, das mit der Mundharmonika. Wenn sie ihr einen Zungenkuß gibt, kann sie Mundharmonika spielen, also so was überhaupt! Ich fand das immer ganz primitiv, wenn andere sagen, du mußt mit mir erst ins Bett.

Ich vergesse das auch nicht, da war so ein fetter Kerl an der Schiffschaukel und der hat gesagt, wenn ich mit ihm knutsche, dann würde er mir die Schiffschaukel bezahlen. Da war ich aber noch Kind, es war im Urlaub mit meiner Mutter irgendwo in der Eifel. Ich fand das schon immer so widerlich, daß sie erst was Sexuelles wollen, um nachher zu sagen, dann zahle ich die Schiffschaukel oder wie das mit der Mundharmonika. Das kann man auch ohne so etwas machen, und vielleicht ergibt sich ja was, aber so in den Vordergrund stellen, wenn du das machst, dann kriegst du dieses! Reine Bedrohung und Erpressung.

Also gut, bei den Zuhältern war es wieder anders, wenn man bezahlt, wenn man denkt, man will einen Mann kaufen, Liebe kaufen, ich weiß es nicht, daß das Sexuelle so im Vordergrund stand, glaube ich nicht.

Nächste Seiten: 5 »Wenn du das machst, kriegst du dieses«

»Wenn du mir schwanger wirst, dann trete ich dich zusammen«, sagte meine Mutter Anna zu mir, da war ich vierzehn, noch ein Kind, das vor allem Angst hatte – naiv und ahnungslos. Nur nett wollte ich sein, zu allen. Hure werden? Eigentlich wollte ich das gar nicht. Der Begriff HURE war für mich etwas ganz Schlimmes. Ich wollte eine intakte Familie, ich wollte nach Hause kommen können, mich geborgen fühlen, geliebt werden, spießig, grundsolide und verläßlich. Nicht getreten werden, nicht rumgestoßen werden, nicht immer wieder zwischen allen Stühlen sitzen. Wärme, Zuneigung, Vertrauen, Menschen, auf deren Wiedersehen man sich freut, vertraute Gesichter, Berührungen, in denen du deine Seele baumeln lassen kannst. Nichts Intellektuelles, nichts, was du erst lange erklären mußt. Du weißt einfach sofort: Es ist richtig so, es stimmt, ganz tief in dir drinnen, da ist kein Vertun möglich. Da atmest du durch, breitest die Arme ganz weit aus und fühlst dich wohl und aufgefangen. Nicht immer ausgesaugt und benutzt bis an die Grenzen deiner eigenen Belastbarkeit. Eine starke Frau hat keine Fehlzeiten zu haben. Daß sie dich damit überfordern, ist ihnen wurscht. Daß ich eine Hure geworden bin, war für mich keine Rebellion wie für einige andere Frauen. Ich stand auf der Straße, ganz einfach.

Meine Mutter war ja leidenschaftliche Spielerin. Das eine Erlebnis, wo wir in Urlaub gefahren sind nach Oostende, Amando und ich kamen gerade frisch aus dem Waisenhaus. Mein Bruder vierzehn, ich dreizehn, meine Schwester zehn Jahre alt. Wir waren in der ersten Nacht in einer kleinen Pension. Das war aber auch nur die erste Nacht. Dann kam Anna, meine Mutter, und hat alles verzockt in der ersten Nacht. In Oostende im Casino. Und wir Kinder waren ängstlich und haben gesagt: »Anna, du hast kein Geld mehr, da müssen wir ja nach Hause fahren.« »Nee, nee«, hat sie gesagt, »bestellt euch mal schön was zu essen, ich komm gleich wieder.« Ich hab mich nicht getraut, was zu essen zu bestellen. Mein Bruder hat sich natürlich gleich ein dickes Essen bestellt. Also, ich hatte Angst, ich war das nicht gewöhnt. Ich kann doch nicht hier was zu essen bestellen. Und Anna kam dann tatsächlich nach Stunden wieder mit einem Packen Geld: »Kinder, ich han Geld, ich han Geld!« Da hatte sie auf der Rennbahn auf den Namen »Galuschalla« gesetzt, und alle haben gelacht, und Anna hat gewonnen, auf »Galuschalla«.
Meine Mutter war auch eine Lebenskünstlerin. Hat die sich ein paar Uhren gekauft, ein paar billige, und hat die den Leuten angedreht. Ich kann mich noch an eine Aktion erinnern; Jacken verkaufen, so einen Restposten, die haben vielleicht zehn Mark gekostet. Wenn die gewaschen wurden, dann waren das Mäntel, man konnte sich natürlich nie mehr blicken lassen an dem Ort, wo man die Jacken verkauft hatte. Obwohl, ich fand das damals schon lustig, ich sag, dann haben die Leute jetzt

Mäntel, ist doch nicht schlimm. Die hat immer einen Weg gefunden, um irgendwie an Geld zu kommen. Ich fand, die war ja schlimmer als Dostojewski. Meine Mutter hat nie gelesen. Aber Dostojewski, »Der Spieler«, als sie das Jahr im Knast war, hat sie gelesen. Sagt sie, Kind, das mußt du auch lesen, dann weißt du, wie schlimm das ist. Und ich habe alle Dostojewski-Bücher mal geschenkt bekommen von Wolli Köhler. Fichtes »Wolli, Indienfahrer«. Nur »Der Spieler« war nicht dabei. Das hat mir jetzt eine Ärztin geschenkt. Also es ist ganz komisch mit dem Zocken. Ist natürlich eine gnadenlose Geschichte. Für Kinder auch. Mutter war sechs Wochen spurlos verschwunden, und wir waren allein zu Hause und keiner wußte, wo die war. Zog durch die Lande, meistens Belgien, Holland, ein Casino nach dem anderen, kam natürlich furchtbar pleite wieder zurück. Aber meine Mutter hat vor ihrem Tod gesagt: »Kind, sei nicht traurig, das Zocken, das hat mir viel Spaß gebracht.« Sie mußte unheimliche Geschichten erlebt haben in den Casinos. Sie sagte immer: »In den Casinos die Kronleuchter sind von mir.« Die Kronleuchter hat sie immer bezahlt im Casino. Das hat sie immer erzählt. Auf jeden Fall waren da schlimme Geschichten dabei. Nachts vor dem Casino, keine müde Mark.
Und trotzdem hat sie mir vor ihrem Tod erzählt, der glücklichste Moment, den sie hatte, war, als sie in Wiesbaden war und alles verzockt hat, und dann ist sie zu Fuß über die Mosel mit nur einem Kulturbeutel. »Ich war noch nie so glücklich.« Jetzt hab ich eine Karte gefunden von Anna an ihre Mutter. Darauf steht: »Liebe

Mutter, ich bin in Wiesbaden. Werde hier ein Hotel pachten. Und dann kommst du nach Wiesbaden.«
Also so eine Karte! Nicht eine müde Mark, eine Hotelkarte. In solchen Traumvisionen ist die geschwebt. Angstgefühle hatte sie, sie sagte: »Kind, ich denk immer, ich hätte was verbrochen und mich würden sie jetzt abholen.« Also das gehört auch zu dem Spielen dazu.

Ich habe auch oft verzweifelt auf dem Bett gelegen. Wirklich, das kenn ich ja auch, mit Selbstmordgedanken gespielt. Aber nee, nie gespielt, ich hab den immer nur im Kopf gehabt, Tag und Nacht. Und habe immer gedacht, o Gott, o Gott, wann geht der Gedanke raus. Es war so schrecklich für mich. Immer diesen Gedanken, und ich wollt es überhaupt nicht tun, niemals. Weil ich wußte, ich wollte leben. Und erst als ich die Liebe meiner Mutter bekommen hatte, da war das wie weggeblasen. Ich hatte immer die unerfüllte Sehnsucht. Ich wußte nicht, daß das der Knackpunkt bei mir war. Wenn ich das gewußt hätte. Ich hatte allerdings schon vorher probiert, mit meiner Mutter ins reine zu kommen, aber eher im Streit. Und nachher, wie sie vor ihrem Tod noch für die Halskette putzen gegangen ist und mich angelacht hat, »och Kind, weeste«, wollte sie mir wohl noch die Kraft mitgeben, zu sagen: »Ich hab dich doch auch lieb.« Weil ich immer dachte, meine zwei Geschwister, weil die ihr näher waren. Die waren genauso ein bißchen wie sie. Ich war ihr ein Fremdling. Als ich geboren wurde, bestand die Familie meiner Mutter aus Ganoven oder Schlägern, der eine war Portier von der »Hölle«, also eher eine kräftige Familie, und ich war ganz zart. Und jetzt guckten die alle in den Kinderwagen und sagen: »Anna, was hast du denn da.« Also ganz angeekelt, »ein Betmütterchen«, war in unserer Familie nichts Tolles, im Gegenteil, das war etwas Verabscheuungswürdiges. Und da haben sie gesagt: »Anna, was

hast du denn für ein Kind, das wird ein Betmütterchen«, und haben gelacht. So ungefähr muß ich da wohl schon gelegen haben, ein Sonderling in der Familie.
Ich war fein, ich mochte lesen, ich mochte Kunst, das paßte gar nicht. Obwohl meine Mutter das zum Schluß erkannt hat, darum hat sie mir wohl auch das Opernglas hinterlassen und hat gedacht, ich soll ins Theater gehen. Aber als Kind sagte sie immer zu mir: »Kind, spiel mir das doch noch mal vor, was du jetzt spielen willst«, wenn sie uns besuchen kam.

Alle vierzehn Tage, wenn sie kam, mußte sie auf die Polizei aufpassen, sie hatte einen Rechts-links-Blick. »Nee«, haben wir gesagt, »Anna, da ist keiner.«
Wenn wir Indianer und so was gespielt haben, bin ich hinter denen hergelaufen, weil die mich immer ausgelacht haben, meine Schwester und mein Bruder. Ach, du Schwächling, und du kannst das nicht. Da bin ich immer hinterhergelaufen, juhujuhu! Hab ich immer gedacht, oh, jetzt bin ich stark, und jetzt ruf ich schnell juhu, dann lachen die mich nicht mehr aus. Und das hat meine Mutter alles später gewußt. Die wollten mich immer stark machen, die anderen waren stark, ich hatte eine andere Kraft. Ich hatte wohl die geistige Kraft und die hatten die körperliche.

Meine Mutter hat wirklich geschrien vor ihrem Tod. Hat sie auf die Leute gezeigt, die mich umzingelt haben. »Nicht die Armen, die mag ich ja gern, aber die Raffigen. Die treiben dich alle ins Elend. Wegen denen wirst du mal tot umfallen«, hat sie vor ihrem Tod noch zu mir gesagt. Ich mache mir eigentlich keine Vorwürfe, daß ich geholfen hab. Vorwürfe muß man sich nur machen, wenn man den Falschen hilft. Das habe ich aber auch erst heute erkannt. Nicht, daß man hilft, nein, aber wenn man den Falschen hilft. Die selber noch mehr Kraft haben als ich und jünger sind und sich selber helfen können. Die sind dreißig Jahre, die uns umzingeln, und wollen noch unsere Hilfe. Ich meine, den Kleinen, denen helf ich gern auf die Sprünge, daß man die stark machen kann. Diese Querdenker, ich hab gern Querdenker.

Meine Mutter hat nie gelesen. Aber das hat sie doch gelesen. Da war sie im Knast. Hat sie Dostojewski gelesen, hat sie mir erzählt. Sagt sie: »Kind, ich denke mir manchmal, ich hätt was verbrochen. Mich kommen sie nachts holen.« Das muß ja eine schlimme Krankheit sein, das Zocken.

Wir kommen aus dem Waisenhaus nach Oostende. Am ersten Tag war schon das ganze Geld weg. So, wir sollen essen. Ich habe mich doch nicht getraut, mir was zu essen zu bestellen. »Kinder, eßt, ich komm gleich wieder.« Und da hat sie auf das Pferd Galuschalla gesetzt. Auf den lahmen Gaul. Alle haben gelacht. Wenn du so erzogen bist, daß du nur Geld brauchst zum Essen.

Ich meine, gut, ich wollte mich mit dreizehn Jahren vor die Reinigung stellen und mir ein Kleid für zwei Mark siebzig kaufen, weil ich nicht wußte, daß das eine Reinigung war. Ich dachte, ach, das Kleid kauf ich mir mal.

So weltfremd wirst du im Waisenhaus erzogen, überhaupt nichts mit Bus und Bahn.
Meine Mutter hat mich zum Schluß sehr geprägt. Ich hab die anderen nachher auch bewundert, wie sie mit ihrem Leben klargekommen sind, mit der Zockerei, und die arme Anna und drei kleine Kinder und dann auf der Straße und dann von Haus zu Haus. Ich bin ja einmal mit ihr verkaufen gegangen. Das ist ein hartes Brot, aus dem Bus raus, den Teppich schleppen und alles. Und dann haben wir einen mitgehabt, der hat noch die Couch kaputt gemacht da in dem kleinen Bauernhaus. Sie waren so verblüfft, der Teppich lag schon da, der Verkauf war auch geregelt. Nur der Idiot macht die Couch kaputt. Da war so ein Holzgriff dran, und er hatte den in der Hand, und da konnte der Mann endlich schreien »raus«. Der wollte schon seit einer Stunde schreien, nur wir haben immer auf den eingeredet, der konnte gar nicht schreien. Nur, wie der Blödmann dann die Couch kaputt gemacht hat, da konnte er schreien »raus«, sonst hätten wir den Teppich nämlich verkauft.
Anna ist ja viel passiert auf so ’nem Weg. Die hat mir das auch oft erzählt. Die hat ja immer eine Freundin mitgenommen, die war noch viel härter als sie. Tante Emmi. Dort sind wir auch als Kinder viel gewesen. Und dann ist es oft passiert, daß die ihnen an die Titten wollten – so beim Verkauf, laß uns mal, dann kaufen wir vielleicht den Teppich oder die Jacke oder die Uhr, je nachdem, was gerade angeboten war. Aber die Anna hätte sich nie vergewaltigen lassen. Die hat das anders

gemacht, hat sie ja immer gesagt. Kind, ich kann das besser als du, nur anders. Ich wußte nicht so genau, wie das anders geht.

Ich bin immer um das Gefängnis rumgelaufen und wollte sie besuchen, es war heiß. Ich hab den Eingang nicht gefunden, ich wollt ihn nicht finden. Dann hab ich mit der Direktorin gesprochen, die sagte: »Ihre Mutter ist eine ganz renitente Frau.« Ja, meine Mutter hätt sich das nicht bieten lassen. Sagt sie: »Nebenan riecht es nach Steak, wieso krieg ich kein Steak?« All so einen Scheiß hat die gemacht.
Eisernes Sparen, eisern und konsequent, hart sein, das war Anna. Aber ich meine, es gibt nur den einen oder den anderen Weg. Mein Bruder ist den anderen Weg gegangen. Er wirkt nicht geizig, sondern stumpf nach diesen schrecklichen Erlebnissen. Das war er vorher nicht. Er war vorher lebendig und lustig und lieb. Nur ihn hat das Leben anders gemacht als mich. Obwohl wir denselben Weg gegangen sind. Und so macht der eine dies aus seinem Weg und der andere was anderes. Mein Bruder hat auch aus der Lebensangst heraus eisern gespart, aber ich hab aus der Lebensangst heraus gedacht, mach gar nichts, es nützt ja doch nichts. Nein, ein Vorbild war er für mich überhaupt nicht. Und er war von derselben Kindheit geprägt. Meinen Bruder hat die Nonne geschlagen, beim Wassertrinken, weil das ja verboten war. Ich hab das anders gemacht. Nicht mit Gewalt, ich bin hinterrücks mit Gewalt gekommen, einer anderen Gewalt.

6 »Mein Bruder ist einen anderen Weg gegangen«

Grenzen überschreiten konnte ich nie. Ich mußte meine Grenzen immer sprengen. Ich war ein Dickschädel, trotz allem. In der Schule war es mein Problem, ich war vierzehn, daß ich als einzige für James Dean schwärmte. Alle anderen waren für Elvis. Deshalb haben wir uns häufig gestritten und uns in die Haare gekriegt. Ich bin Jimmy treu geblieben. Sie mochten mich trotzdem.

Ich sage Anna, ich mache Putz, ich muß immer Wasser hier durch die Bude jagen. Ich sage Anna, ich mache es jetzt, weil du krank bist. Ich meine, man vertrödelt auch viel Zeit mit Putzen, die Hausfrauen und so, bäh. So denk ich heute noch, davon mal abgesehen. Ich denke, es gibt so Leute, die putzen nur ihr schlechtes Gewissen weg, das gibt's ja auch. Aber man weiß ja, daß die Putzteufel alle 'ne Krankheit haben. Anna war ja auch so. Die wollen mit ihrem Putzen das andere wegputzen. Aber das funktioniert ja nicht.
Als meine Mutter starb, bei der Beerdigung, da hat der Pastor sich am Grab versprochen. Meine Mutter hieß doch Anna. Sagt der Pastor: »Unsere Maria ist im Himmel.« Ich würde sagen, meine Mutter Anna war danach Maria –, soviel gelitten, wie die hat! Nur um ihre Schuld abzutragen. Hat sie ja die letzten zehn Jahre gearbeitet, nur für uns drei. Hat der Angelina noch viel Geld geschickt von ihrem Putzgeld. Für achttausend Mark Quittungen habe ich hier noch liegen. Und sie hat auch mir noch geholfen, ist nicht zum Arzt gegangen, eben um mich stark zu machen. Hat sie gesagt, wenn du so bleibst, wie du bist, dann kann ich nicht ruhig schlafen. Und irgendwo hat mich das auch stark gemacht, wenn ich mir vorstelle, daß meine Mutter jetzt nicht ruhig schläft, wenn ich so gutmütig oder harmlos bleibe. Diese Domenica-Kette um meinen Hals, das ist vorbei. Heute empfinde ich das nur noch als Hundemarke. Und darum kämpfe ich auch jetzt, damit Anna ruhig schlafen kann.
Meine Perlenkette, das ist die Perlenkette von Anna!

Die war ja ewig im Pfandhaus, und irgendwann vor ihrem Tod habe ich gesagt, da wußte sie aber nicht, daß sie sterben mußte: »Nee, ich will die Kette nicht und dann bleibt sie eben drin, ich hole sie nicht mehr aus dem Pfandhaus.« Da ist meine Mutter heimlich putzen gegangen. Irgendwann kam ich nach Haus, da lag die Kette wieder auf dem Tisch. Da sag ich: »Anna, wo hast du die denn jetzt her?« Da hat sie nur gelacht. Damit wollte sie mir nur zeigen, was man alles kann, wenn man will.

Was die gebracht hat in dem Pfandhaus, der Klatsche, weiß ich nicht. Aber ein paar hundert Mark immer. Die Kette ist für mich ein Zeichen von Stärke und Kraft, und was man alles schaffen kann. Wenn man Lungenkrebs hat und drei Tumore im Kopf und dann noch putzen geht, um der Tochter die Kette zu vermachen, dann denke ich, das ist ein starker Wille, der dahinter steckt, und daß ich davor immer Hochachtung haben werde.

7 Während der Dreharbeiten zu »Desperado City« von Vadim Glowna

»Wenn der Friede nicht in der Familie beginnt, kannst du ihn draußen mit Sicherheit nicht hinkriegen.«

Also, ich bin ja die einzige, die damals, als die Mauer fiel, nicht gefeiert hat. Ich war ganz ruhig zu Hause, das Telefon ging unentwegt. »Komm, Domenica, komm, feiern wir unsere Brüder und Schwestern.« Ich hab gesagt: »Laßt mir meine Ruh!« Ich bin auch die einzige, die nie gesagt hat, die Mauer wieder hoch. Ich wußte, was auf die Leute zukommt. Wenn ich mich mit dreizehn vor eine Reinigung stellte und mir ein Kleid für zwei Mark siebzig kaufen will, weil ich zehn Jahre hinter Mauern war, kann ich mir vorstellen, was auf die Leute zukommt. Ist doch kein Grund zum Feiern. Also ich bin allerdings auch die einzige in meinem Umfeld, die sagt: »Jede Mauer, die fällt, ist schön.« Nur eben, es ist kein Grund zum Feiern, wenn man erst einmal anfangen muß zu arbeiten, und anfangen muß, was Neues zu gründen. Und irgendwie auf Wüste, oder wie soll man sagen, auf Brachland erst mal was aufbauen muß. Da feiert man doch bitteschön danach. Ich verstehe dieses blöde Gegröle nicht. Das geht mir heute noch auf den Geist. Genau wie die Lichterketten. Man kann ja nicht jedem ein Lichtchen in die Hand geben und sagen, jetzt ist die Welt in Ordnung. Das ist Kunstgewerbe.

Ich hab bei meinem Vater geschrien. Wenn mein Vater nur ins Zimmer kam ... Einmal wollt er mich in den Arm nehmen, dann mußte ich ins Krankenhaus. Hat meine

Mutter gesagt zu meinem Vater: »Nimm doch mal das Kind und sag mal tschüß.« Und da wollt er das sogar, ein einziges Mal machen. Wääh, ich hab wie der kleine Oskar in der Blechtrommel geschrien, gestanden und geschrien. Weil der nur an mich ran wollte. Und die Tritte in den Bauch von der Anna, die hab ich schon gespürt. Ich hab meinen Vater gesehen, ich kannte ihn als dunklen Mann. Er hat Gott sei Dank nicht versucht, mich zu lieben, und ich ihn auch nicht, dann hätt ich ja noch diese Vatersache am Arsch. Wie mein Bruder jetzt.

Das hat mich auch gerettet später, hat mich immer gerettet. Ich hab mir nichts vorgemacht, ich wußte es. Mein Opa war ein richtiger Waisenjunge. Man kennt seine Familie überhaupt nicht. Der sah aus wie ein Soldat, ganz breit, starker Junge. Das war ein richtiger Waisenjunge, der Opa ist mit sechzehn Jahren aus dem Waisenhaus raus. Hat sich am Zug rumgetrieben, am Bahnhof, damals schon. Damals war wohl der Bahnhof auch schon modern. In Köln. Und dann haben Jungens zu ihm gesagt: »Peter, hol das Paket doch aus dem Zug.« Und der Peter, der wußte gar nichts, vom Ersten Weltkrieg, holt das Paket und wird erwischt. Das war ein Liebespaket an die Soldaten, und er hat dann zehn Jahre Z gekriegt. Zuchthaus! Später hat er dann einen Maronenkarren gehabt und hat heiße Kastanien verkauft. Erst mit sechzehn verhaftet, bestraft, dann nochmal zehn Jahre, war er bis sechsundzwanzig, zehn Jahre Z für ein Liebespaket für die Soldaten. Das wurde hart bestraft. Aber ein junger Mensch aus dem Heim, was

8 Von links nach rechts: Domenicas Großmutter, ihr Vater und ihre Mutter

weiß denn der davon? So und hin und her, die Polizei am Rudolfsplatz in Köln kannte ihn, Opa. Der Opa war lieb. Jeder mochte Opa. Der Bühl, haben sie immer gesagt. Ich muß immer weinen, wenn ich vom Opa spreche. Die Polizei wollte immer Standgeld haben. Da hat er gesagt: »Laßt mich in Ruh', ich hab zehn Jahre Z auf dem Puckel«, und ist mit seinem Karren immer einen Meter weiter geschoben. Und dann hat der Opa die Oma kennengelernt. Vom Niehoff weiß ich ja nur, der war nicht zeugungsfähig. Kein Kind ist vom Niehoff. Darum mag ich den Namen Niehoff auch nicht. Und dann hat er die Oma kennengelernt, der Opa. Die Oma hätt vom Opa ein Kind nach dem anderen gekriegt. Der Opa hieß ja Bäumer. Die ersten zwei hießen noch Niehoff, weil die Oma noch nicht geschieden war vom Niehoff. Die waren aber schon vom Opa, Anna und Peter. Meine Mutter Anna. Und die anderen hießen dann Bäumer, wie der Opa. Und die Oma hieß ja Eisenhut. Hin und her. Eisenhut. So war die Oma. Knallhart.
Hat sich nur schick gemacht, Kaffee getrunken, und der Opa hat für die Kinder gekocht, und darum haben die Kinder natürlich den Opa geliebt und nicht die Oma. Oma hat sich nur fein gemacht. Madam, das muß ja noch übriggeblieben sein vom Puff. Und der Opa hat die Oma geliebt, die war schön. Und er hätte das in Kauf genommen. Und die Kinder haben alle den Opa geliebt. Und dann kriegt der Opa auch Zucker, später im Alter. Jedenfalls war ich vierzehn, und im Waisenhaus ging man alle zwei Wochen sonntags raus, da war die Anna

im Knast, da sind wir immer zu Opa und Oma. Da gab sie uns immer fünfzig Pfennige fürs Aki-Kino. Und der Amando, mein Bruder, wollte immer ins Aki-Kino. Da mußte ich mir auch noch Fuzzi, den Banditenschreck, angucken. Im Aki-Kino. Der Dirk wollte mit den fünfzig Pfennigen immer ins Kino, ich hätt mich lieber ins Eiscafé gesetzt. Ging nicht, weil die älter waren, mußten wir alle immer ins Aki-Kino am Neumarkt. Und dann sind wir auch am Rathaus vorbeigegangen. Ich weiß noch, daß da ganz gewichtige Frauen saßen, und wir wollten danach gucken, auf dem Weg zu Oma. Da schrien die uns an, wir sollen abhauen. Ich bin auch abgehauen. Weil wir Angst gekriegt haben vor diesen Gewaltweibern. Auf jeden Fall kriegt Opa Probleme mit der Karre.
Da hab ich gesagt: »Opa, kann ich nicht mal mitgehen, mit dir verkaufen?« Anna hat ja auch immer gut verkauft. Sie war die beste Verkäuferin. Die hat jedem alles angedreht. Jacken, die nachher Mäntel wurden, einmal gewaschen, da konnte man sich natürlich nicht mehr blicken lassen. Lag schon in ihr drin, der Handel und Wandel. Auf jeden Fall habe ich gesagt: »Opa, ich will mit dir verkaufen.« Sagt er: »Kindchen, komm mit.« Und da stand ich da auf'm Rudolfsplatz an der Karre, und da sagt er: »Kind, jetzt mußt du rufen: ›Wer sich mit Peter Müller messet, der muß Steier Marone esse.‹« Und ich hab das gerufen, hab mich aber geschämt. Ich wollt das nicht rufen, ich wollt dem Opa nur einen Gefallen tun. Es wurde kalt. Der Opa alt, bekam Zucker, da wurde die Oma wieder rammelig. Der

Opa war über siebzig, kommt die Oma mit einem Freund.
Willi hieß der. »Se hätt 'n nüen Fründ.« Der Opa liegt im Bett, die waren ja beide über siebzig! Oma reißt den Rock hoch, schreit: »Mein neuer Freund, der Willi!« Opa trinkt 'ne ganze Flasche Cognac in der Nacht und kriegt einen Gehirnschlag. Ehrlich. Ich war damals vierzehn, ich hab das nicht so genau mitgekriegt, aber auf jeden Fall hatten die Kinder alle einen Haß auf die Oma. Jetzt hatte die Oma auch noch das Kastaniengeld geerbt. Das war nicht viel, zwanzigtausend Groschen und Fünfzig-Pfennig-Stücke. Ich weiß noch, wie die immer die Pfennige gerollt haben.

»Sie haben eine Lebedame im Haus.«

Die Maria in Buchheim, die Freundin von meiner Mutter, die hat auch angeschafft, das wußte nur meine Mutter, sonst keiner. Meine Mutter hat ja nie angeschafft, und die Maria, bei der bin ich dann gesessen und habe sie natürlich um Hilfe angefleht, weil ich das ja nicht allein schaffen konnte, meine Mutter im Sterben, die Wohnung und alles ... Und dann rief der Hausbesitzer an: »Sie haben eine Lebedame im Hause.« Da hat Maria gesagt – na, Gnade ihm Gott.
Maria hat den Hörer aufgeknallt und geschrien: »Ich lebe auch.« Ich hatte andere Sorgen, meine Schwester im Sterben, meine Mutter im Sterben, da ruft diese Hausverwaltung an!
Jetzt dazu das Komplott mit Willi, den Rock hoch und auch noch geerbt. Also weeste! Das war nicht schön. Na ja, auf jeden Fall gab's immer Ärger in unserer Familie. Es gab laufend Ärger. Die Oma hat ja das Geld von Tante Rita, die auf dem Strich war, geerbt. 360 000 Mark damals! Alle Kinder wollten immer das Geld.
Ich weiß noch, es gab immer Ärger, schon um die Pfennige. Und Oma macht schön eine auf brave Witwe, rennt immer den Opa auf dem Friedhof begießen.
Anna, meine Mutter, die war ja clever. Die war ja Zockerin. Und darum hab ich jetzt auch den Zocktisch hier. Müssen wir mal ein Bild machen hier mit dem Zocktisch. Das wär ein schönes Bild für die Anna. Da sagt die Oma zu Anna, bezahl die Gräber. Den Opa soll sie bezahlen und die Oma, ein Doppelgrab. Anna hat

aber nur den Opa bezahlt und die Oma verzockt. Das Grab. Und die Oma begießt Opa und ... da war das Grab ja noch nicht verkauft. Auf jeden Fall irgendwann ... geht die Oma wieder, es war schon Winter und duster, auf einmal ist der andere Hügel weg. Und da wirft die Oma die Gießkanne weg und schreit nur noch: »In dem Loch ist einer drin.« Später hab ich mir überlegt, in ihrem Loch ist einer drin, übersetzt stimmte das ja, in ihrem Loch war ja auch einer drin, als der Opa die Flasche Cognac getrunken hat. Mit anderen Worten, die sollte nicht neben den Opa kommen. Die liegt ganz woanders begraben. Da hat die Anna für gesorgt. Bei mir hat sie noch gesagt: »Wenn du so bleibst, wie du bist, kann ich nicht ruhig schlafen.« Und da habe ich mich ein bißchen geändert und mir gesagt, du mußt werden wie Anna, so stark und clever. Aber ganz so stark wie Anna werd ich nicht. Die Anna hat ja auch Arme, dreimal, viermal so dick, wie Eisen.

In dem Loch ist sie noch drinnen, wie schrecklich. Da ging es in unserer ganzen Familie drum. Vater mit der Anna, wie er das Bettuch da in den Abruzzen rausgehängt hat und ewig die Eifersucht. Mutter mußte im Kittel bei einem Eiscafé stehen, nicht geschminkt damals. Aus den Abruzzen, eifersüchtig. Der hat sich nachher eine Frau aus dem Kloster geholt. Die hat er dann geheiratet. Schrecklich. Und bei Oma stehen noch immer die Zigeuner. Die haben sich immer heimlich auf dem Dachboden getroffen. Der Zigeuner ... geh mal weg mit dem Zigeuner, der Zigeuner muß aus dem Haus. Ja, der war schön dunkel. Ich hab nachher meiner

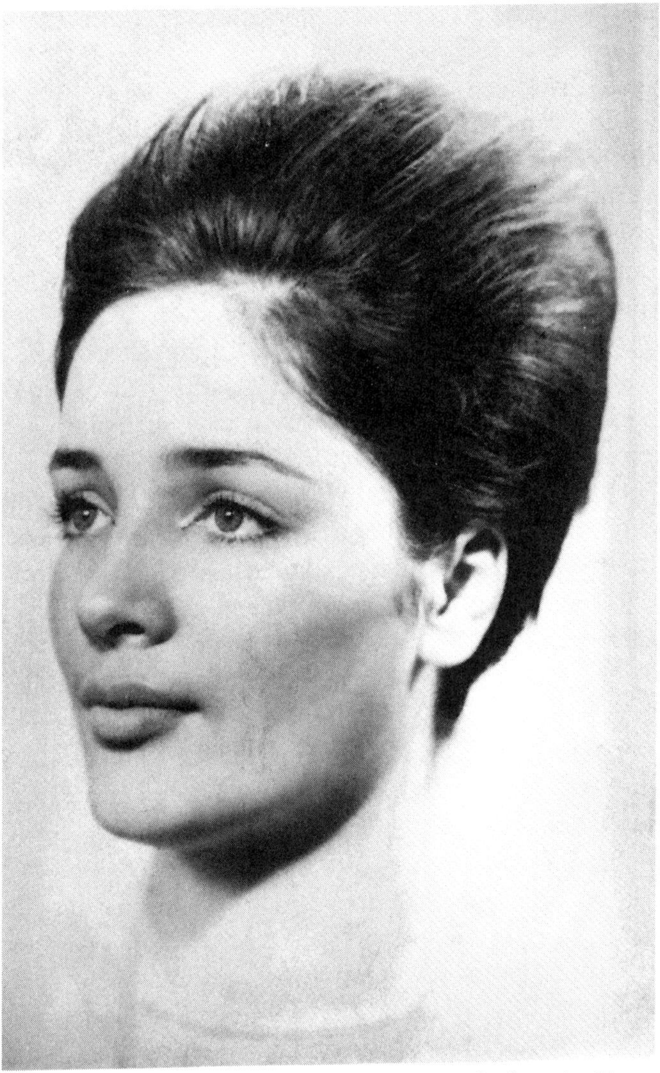

9 »Sie haben eine Lebedame im Haus«

Mutter vorgeworfen, sie wär frigide, weil sie nur ihre Arbeit hätte.
Weil ich so viele Freunde hätte, hat sie gesagt, werde ich Hure. Da hab ich immer gesagt: »Du bist frigide.« Sagt sie, zum Schluß, ganz zum Schluß, bevor sie starb: »Kind, ich bin nicht frigide, ich hab zwei schöne Männer gehabt, das war dein Vater und noch ein Schwarzer mit blauen Augen.« Sagt sie: »Die anderen gefallen mir alle nicht.« Sie hat dann gemerkt, ich hab das aus Trotz gesagt, ich kann das nicht erklären. Auf jeden Fall hat es mir nachher geholfen, als sie gesagt hat: »Kindchen, ich war nicht frigide, aber die haben mir alle nicht gefallen.«
Mein Opa hat mir einen Satz mitgegeben: »Kind, wenn du einen Mann kennenlernst, dann sag: ›Du stinkst, kauf dir erst mal ein Brötchen.‹« Und ich hab mich doch geschämt, zu einem Mann zu sagen: »Du stinkst, kauf dir erstmal ein Brötchen.« Aber oft denke ich an die Worte. Und die Oma hat mir auch einen Satz mitgegeben. Wo ich die zehn Jahre mit dem reichen Mann war, mit dem Schisser und mit dem allen, da hat meine Oma gesagt: »Kind, lieber überm Dachkämmerchen als das Theater!« Und das habe ich mir gut gemerkt. Lieber »überm Dachkämmerchen«. Wenn nachher noch mal ein Reicher kam, der irre war, habe ich gedacht, um Gottes willen. Sie hat uns nichts vererbt, die Oma war nur eine Hex'. Mit Kindern hatte sie nichts am Hut. Nur der Satz »Lieber auf'm Dachkämmerchen, wie so was mitmachen.« Aber mit dem »Du stinkst, kauf dir lieber ein Brötchen« konnte ich nichts anfangen. Der arme

10 Domenica-Film: Domenicas Mutter (Andrea Ferréol)

Opa, der konnte sich ja nur so ausdrücken. Was hat er denn damit gemeint – er soll sich erst einmal waschen und was werden, denk ich mir.
Meine Mutter war doch so sauber. Meine Mutter war doch so steril. Das stimmt sogar. Die ist dann an Krebs gestorben. Ich bin lieber so 'n bißchen mit Dreck konfrontiert. Weil das ja auch reinigt. Das war dasselbe in meiner neuen Arbeit, hier, wie sie sagte: »Du kriegst Läuse.« Alle hatten Läuse, nur ich hatte nie 'ne Laus. Und später sagte der Drogenberater: »Du mußt die Oberlaus sein.«
Nee, weiße Unterhosen, nie was drin. Da war auch nie was drin. In jeder Beziehung war da nie was drin. Meine Mutter, Zockerin, die haben ja sowieso keinen Sinn für Männer mehr. Wenn die die Kugel sehen, das ist für die der Orgasmus. Die Kugel rollt. In Köln haben sie immer gesagt, die Feuerkugel. Und einer, der dicke Adam, der hatte die Anna eingeschlossen und noch beklaut, ausgerechnet ihre Unterhose. Das fette Schwein hat die Unterhose auf den Roulettetisch geschmissen, hier, die Kugel rollt. Und Anneliese Schneider, die Besitzerin von dem Casino, die war immer nett, die Anneliese, die hat auch immer die Männer ausgeräubert. Millionäre hat die arm gemacht, durch ihr Spiel. Eine nette, eine schöne Frau.
Aber da ist auch so ein Ding passiert. Die kommt aus der Kneipe und fährt in das Bierloch da rein. Hatten die das auf. Also weeste, war immer nett. Mit der hab ich oft nett geredet. Sagt sie nur: »Stell dir vor, der dicke Adam kommt hier mit der Unterhose von der Anna. Hat

er die Anna eingeschlossen und die Unterhose mitgenommen.« Aber dann habe ich später gesagt: »Immer schneeweiße Unterhosen, nie was drin.« Nee, da war die Kugel, die war ja wichtiger. Ich hätt lieber was drin und wäre nicht isoliert.

»Ich bin mit fünfzehn aus dem Haus.«

Von meinem Lehrgeld hat meine Mutter mir die erste Lohntüte weggenommen. Ich hatte sie heimlich aufgemacht und zwanzig Mark behalten. In die rote Tasche im Büro hatte ich rote Stöckel eingesteckt. Nun hat mein Stiefvater, der mir die rote Tasche geschenkt hat, fürs Büro, mir die Tasche auch noch entrissen, weil ich da Stöckelschuhe drin hatte von Anna, hohe Stöckelschuhe. Und da bekam ich die Tasche auch noch abgenommen, die rote Tasche bekam ich abgenommen, und die Lohntüte bekam ich abgenommen. Das hat mir natürlich nicht gefallen. Mir hat das Büro nur so gut gefallen, weil ich da abends arbeiten konnte und am Tag spazierengehen. Das Büro war bis zwölf Uhr nachts auf, weil sie noch nachts die Bons zählen mußten, das war nicht so ein trockenes Büro wie vorher, das Ronson-Feuerzeug-Büro. Da hab ich angefangen, bei der Firma Ronson, Feuerzeuge. Auf jeden Fall, da kam ich dann in das Büro KP Reichert am Dom, und da war es schöner. Da habe ich gesagt: »Frau Borsch, darf ich nachmittags zwei Stunden spazierengehen, dann arbeite ich abends zwei Stunden länger?« Da hat sie gesagt, ja, das darf ich. Da hat es mir besser gefallen. Wenn einer einen Pfennig gesucht hat in der Firma, dann kam sie mit so dicken Büchern zu mir, und ich hab den Pfennig gefunden.

Ich kann es gar nicht erklären, ich mag nun mal Rot. Vielleicht hat der Papst auch Rot angehabt. Wo ich mich doch verliebt habe in den toten Papst. Ich war doch so katholisch, und der Nikolaus hat auch Rot. Ich weiß noch, meine Schwester war elf, ich war vierzehn, mein Bruder fünfzehn, rote Sicht in unserer Wohnung, eine Lampe und ein rotes Tuch drüber, Apfelsaft, Salzstangen. Dann haben wir eine Party gemacht. Und die verkommene Nachbarin sagte es dann meiner Mutter, als die nach ein paar Wochen Zocken zurückkam, das habe ich ihr auch nicht verziehen. Dauernd läßt sie uns im Stich und allein, und einmal hört sie dann, die hat ein rotes Licht, und schon macht sie uns die Hölle heiß. Das war allerhand. Ich war so fertig, als ich zu Hause war. Und was kam dann später heraus, der Vater hat das Kind mißbraucht, ach du lieber Gott, ein Dreck in dem Haus!
Ich bin schon immer als Kind verwechselt worden. Mein Leben lang war immer Verwechslung. Der Nikolaus, meine Schwester und ich, wir mußten rauf auf die Bühne. Einmal im Jahr kam ja der Nikolaus ins Waisenhaus. Der richtige Kardinal kam, und wir hatten Angst, und der Knecht Ruprecht, der rannte durchs Waisenhaus schon Wochen vorher, immer dunkel, mit schwarzer Maske. Auf jeden Fall, der Kardinal kam, nicht so ein billiger Nikolaus. Und dann mußten wir auf die Bühne, meine Schwester und ich, und jetzt liest er das Goldene Buch und sagt alles, was ich bin, meiner Schwester und das von meiner Schwester zu mir. Alles hat ja gestimmt, ich war ja die Unordentlichkeit selbst, alles

andere war Angelina. Zu mir sagt er, ich wäre schlecht in der Schule, und da habe ich mich aufgeregt. Ich hatte ja immer nur Einser im Zeugnis. Habe gesagt: »Herr Nikolaus, das stimmt aber überhaupt nicht, ich habe immer Einser«, und da hat er das gemerkt. Da ging schon die Verwechslung los, und das war auch im späteren Leben so. Er hatte alles mir gesagt, was ihr, der kleinen Angelina, gebührt hätte, und Angelina dachte: »Ich bin gut in der Schule?« Die hat sich auch erschrocken.

11 Domenicas Schwester Angelina

»Ich wollte die totale Freiheit.«

Die Reeperbahn, da war ich vierzehn, mein Bruder Amando fünfzehn, meine Schwester elf. Und das Schönste war dann: Rita besuchen im Roxy. Jetzt haben wir die Rita nicht gefunden. Ja, ich kannte ja damals gar nichts, vom Waisenhaus auf die Reeperbahn. Wir sollten die Tante Rita besuchen. Die wohnte damals im Campingwagen, und die war so geizig, die hat die Wäsche zur Oma gebracht … per Anhalter ist sie nach Köln gefahren, damit die Oma die Wäsche wäscht. Darum hat sie auch 360 000 Mark hinterlassen, in bar! Und wir sollten, – meine Mutter Anna war ja ihre Schwester – die Rita besuchen. Und sie hat uns drei Kinder mitgenommen, wir wohnten im Hotel »Imperial«, weiß ich noch.

Damals hatte sie mir und einem italienischen Freund, dem Antonio, versprochen, sie würde uns die Reeperbahn zeigen. Mir vor allen Dingen. Und dann hat sie mich mitgenommen, wo heute »Cats« ist, da in der Nähe hat der Italiener gemerkt, daß die Männer gucken. Und dann hat er zur Anna was gesagt, zu meiner Mutter, sie soll mich wieder zurückschicken. Das hat sie getan, ich bin ins Hotel zurück, ins »Imperial«. Ich habe gesagt: »Nein«, habe mit dem Fuß aufgestampft, »du wolltest mir doch die Reeperbahn zeigen.« Patsch, habe ich eine Ohrfeige bekommen, meine erste Ohrfeige auf der Reeperbahn. Ich bin weinend ins Hotel zurück. Das war mir aber keine Warnung, diese Ohrfeige, man kann es nicht verhindern, ich bin doch dort gelandet. Unverhofft kommt oft. Weil die Männer mich anguckten; wenn ich die Männer angeguckt hätte, hätte ich das ja noch verstanden, nein, die Männer haben nach mir geguckt, das war ihr unheimlich, und da hat der Antonio, der Italiener, gesagt, die Männer würden gucken. Er wollte entweder mit meiner Mutter allein sein, oder er war so italienisch, daß er gedacht hat, eine Vierzehnjährige auf der Reeperbahn muß nach Hause, aber man kann es nicht verhindern.

Glücklich ist, wer vergißt, was nicht mehr zu ändern ist! Wie komisch. Du wirst lachen, die Tante Rita haben wir an dem Tag nicht gefunden und am nächsten auch nicht, nur eine alte Transvestitin, das weiß ich noch, in der grellen Sonne war die dick geschminkt. Stand ich ganz erschrocken davor, meine Mutter kannte sie. Sie hieß Mimi und ist ja noch im »Pulverfaß«. Mimi Doren kannte Rita. Da war ich vierzehn, die kann mich natürlich nicht wiedererkennen. Wo ich die so erschrocken angeguckt habe, das sah aus wie so ein Kalkstein, wie so Steine, alles gebröckelt im Gesicht in der grellen Sonne, ich habe sie ganz entsetzt angeguckt, stumm, sprachlos. Mutter hat sie nach Rita gefragt, und da hat sie gesagt, die ist nach Köln gefahren. Die war weg, und wir waren da. Da bin ich nach zwanzig Jahren im »Pulverfaß« obwohl ich dunkelhaarig bin, sagte irgendeine zu mir, »Rita«, weil ich mir ihren Gang angewöhnt hatte, das fand ich schick damals mit vierzehn, fünfzehn Jahren. Rita ging ja immer so schlenkernd mit den Titten, und das sah toll aus. »Rita Monroe«, die glich wirklich Marilyn Monroe, und so ging sie auch, und das habe ich mir natürlich mit vierzehn abgeguckt. Ich hatte so Flaum im Gesicht, so leichten Damenbart, da hat sie gesagt, ich soll mir den abmachen, dann hat sie mir Wachs draufgemacht, kochendheiß aufs Gesicht, tat höllisch weh, ich habe geweint. Aua, also so was von Schmerz, die andere Seite habe ich gelassen. Ich habe gesagt: »Nein, Rita, das will ich nicht, lieber die Haare dran lassen.«

Rita war mein Onkel und hieß früher Hans. Die ist spitzenmäßig operiert worden, in Casablanca. Rita hat immer nur einen Pulli angehabt auf dem Strich. Immer denselben. Da ist sie ins Café Wolske, wo die Edelhuren waren. Hat sie gesagt: »Hier fünf Mark der Pullover.« Die hat was hinterlassen.

Wie aus'm Sonderangebot, sieht aus wie für hundert, die andern waren blaß vor Ärger, durchgestylt, wie die waren. Rita ... in Schmuck hat sie auch ein bißchen investiert, hat ja auch die Oma beerbt. Hab ich mir natürlich abgeguckt mit fünfzehn, sechzehn, da fand ich das schön, so zu laufen wie die. Aber die Ohrfeige war wirklich komisch.

Als ich vor kurzem in Köln war, da hab ich am Rudolfsplatz gewohnt. Ich konnte genau von meinem Hotel auf den Platz gucken, wo ich mit Opa am Maronenkarren stand. Wie komisch! Da hätte ich am liebsten geweint, und hab gedacht, wenn wenigstens der Opa noch da wäre.

12 Tante Rita, vormals Onkel Hans

»Daß ich eine Hure geworden bin, war für mich keine Rebellion.«

Wenn man mich für was Besonderes hält, nur weil ich Sex mit Männern mache, dann sage ich, Mensch, ein Geheimnis habe ich auch nicht. Denn wenn ich vor dem Einzigen stehe, den ich liebe, bin ich genauso hilf- und machtlos wie andere auch. Die meisten haben irgendwie das Problem, nicht mit vielen zu können. Bei mir ist das eher umgekehrt. Ich habe das Problem, mit dem einen nicht zu können.

»Alle meine Freier heißen Meier.«

Ich kenn welche, die trinken ein paar Gläschen und fallen durch die Gegend, wie die Sabine oder die Lore. Die Lore, die nimmt nun wirklich keine Tabletten. Von einem Glas fällt die um, hier, du mußt mal auf die Möbel aufpassen, fällt alles um, von einem Gläschen.
Ich bin gegangen, habe einen geraden Gang gehabt. Von Taumeln überhaupt nicht die Rede. Ich konnte normal sprechen. Nur wenn ich übermüdet bin und dann trinke, dann ist die Sprache auch schlechter und so. Aber von Tee mit Rum werde ich immer wacher, und ganz klar. Ich bin dann auch ganz klar in meinen Frechheiten. Da kamen so richtige Gangstertypen vor-

gestern, aber tolle, gute Gangstertypen. Das sieht man. So ganz vernarrt. Der eine sagte: »Sie sind 'ne tolle Frau.« Ich bin glasklar, das kann man nicht beschreiben. Sogar der Zuhälter, ein ganz großer Widerling, der hat gesagt, ich hab noch nie jemand gesehen, der mit Alkohol besser ist. Dann kommen mir Sachen, das glaubt man nicht, und ich bin frech, aber angenehm frech. Ich treffe genau den Punkt im Suff, weil ich dann alle in den Mond fahren lasse. Was ich manchmal sonst nur denke, sag ich natürlich dann, und das ist es eben. Ich bin natürlich King im Suff, zwei Meter groß und für Hamburg war ich sowieso der Kulturschock. Eine Frau, die dann auch wirklich das alles sagt, was sie denkt, das hatten die ja vorher noch nicht erlebt. Ich war eigentlich recht gerne besoffen. Weil dann alle Hemmungen von mir abfielen und ich hab endlich nicht mehr nur gedacht. Jeder Mensch hält sich automatisch zurück. Und das ist eben dann total weg.
Ich bin ja auch keine Betrunkene gewesen, die getaumelt ist. Das Besoffene, würde ich behaupten, ist mein Naturell, durch Waisenhaus und durch meinen ersten Mann und später Kiez, Zuhälter, alle, die haben das alle unterdrückt. Damit das bei mir nicht so steckenblieb, und wenn ich dann gesoffen hab, kam alles raus. War auch egal, wie groß und wie breit einer vor mir stand. Also auf den bin ich losgegangen. Zu mir haben sie immer gesagt: »Domenica, das einzige, was wir an dir schätzen, ist, daß du dir wenigstens immer die Besten raussuchst, die Stärksten.« Also, ich hab mich nie an Kleinen vergriffen. Wenn schon, denn schon.

13 Mit einem Sankt-Paulianer

14 Mit Hanne und Stern-Fotograf

Nachts bin ich immer in die »Mausefalle«. Zur Weihnachtsfeier. Da hatten sie mir eine Mausefalle geschenkt. Kaum hat die »Mausefalle« auf, das war in München das Frühlokal, kommt Domenica im Dauerlauf. Jetzt war ich natürlich die einzige Solofrau und noch mit der Johanna, die leider tot ist. In der Badewanne, voll Drogen, ertrunken. Bildschönes Mädchen! Mulattenfrau. Ich dann immer nach Feierabend dahin gerannt. Kaum hat die »Mausefalle« auf, kommt Domenica im Dauerlauf. Natürlich tranken da ein paar alte Luden und ich mit. Die Frauen, die dort im Puff gearbeitet hatten, mußten brav zu Hause sein, und die Kerle vertranken dann das Geld. Die Frauen hatten mich ja ewig im Verdacht, mit den Männern was gehabt zu haben. Also dadurch war ich schon recht unbeliebt.

Auf jeden Fall hab ich dann, auch wenn ich mit einem Luden geschlafen habe, tausend Mark bezahlt und hab aber immer wieder gesagt: »Gib das deiner Frau.« Fünfzehn Jahre später tauchte hier ein Münchner Lude auf. Sag ich: »Gib's deiner Frau. Kauf deiner Frau was Schönes dafür.« Ich bin nie mit einem Luden umsonst ins Bett. Es war im »Chicago«, da war der Münchner Lude, und der wollte mich. Ja, aber kauf deiner Frau was Schönes. Tatsächlich wahr. Da gab's Stunk. Im Milieu. Die wußten genau, die hat teuer bezahlt. Ich habe es darum gemacht, wenn die eine dafür bezahlen soll, wollte ich keinen Luden umsonst im Bett, aber nicht, weil er so schön war oder weil er so toll war. Erstens konnte ich ihn für den Tausender tanzen lassen und bestimmen, was ich wollte. Bewußt hatte ich bezahlt, damit die Frau nicht sagen konnte: »Ich muß jetzt hier stehen, und die Sau fickt meinen Mann umsonst.« Jetzt muß ich aber dazu sagen, daß ich hier ganz viele solide Frauen erlebt habe, die hinter den Zuhältern im »Gala« oder wie die ganzen Discos so heißen, her waren, ganz viele umsonst und auch eine bekannte Frau, die dann immer die Luden vermittelt haben wollte. Da hab ich gesagt: »Wenn du schon mit Luden gehst, dann sei wenigstens so anständig und bezahl die. Oder laß dich nicht bezahlen, laß dir dein Essen nicht bezahlen«, hab ich gesagt, »denn dafür steht nämlich ein Mädchen ganz brav auf dem Strich.« Und ich habe es so oft erlebt, daß die Zuhälter, wenn dann Schluß war, sich eine anständige, eine sogenannte Solide, genommen haben. Ja, wie muß man sich danach fühlen. Das muß ja ein Schlag ins Gesicht sein. Für eine Frau, die auf den Strich geht. Ich meine, ich hab auch dann immer zu den Soliden gesagt, zu den Frauen draußen: »Laßt euch nicht von dem Geld, was Frauen angeschafft haben, bezahlen.«

Das alte Hannchen hatte sich verliebt in einen Blumenhändler und als Hure Abschied genommen. Früher hat man dann alles auf der Straße verbrannt, so eine Art Abschiedsfeuer. Macht man heute nicht mehr. Hannchen wollte jedenfalls ein Paar beige-braune Schuhe verschenken. Keiner wollte die haben. Ich wußte das nicht und hab sie genommen, weil ich nicht nein sagen konnte. Haben mir auch nicht gefallen und gepaßt auch nicht, aber nun hatte ich sie. Das waren so Oma-Schuhe. Alle fragten mich: »Du hast die Schuhe genommen?«

15 Beim Kobern in der Herbertstraße

»Ja, warum denn nicht?« »Aber das darf man doch nicht, dann bleibt man noch lange hier.« Richtiger Aberglaube mit Unglück. Ich blieb trotzig und hatte nun diese blöden Schuhe, richtig fies sahen sie aus. Ich mochte sie nicht. Ich habe immer versucht, sie irgendwo stehenzulassen oder sie den Freiern anzuziehen. Es kam ja alles weg im Puff, nur diese Schuhe nicht. Die standen immer wieder brav in meinem Zimmer. Bis zum Ende meiner Puffzeit bin ich sie nicht losgeworden.

Da ist ja auch dieser Pißkram mit dieser Lou. Die sagt immer: »Du mußt helfen, du mußt helfen.« Ich sag: »Bin ich beim Roten Kreuz?« Die spinnt, also wirklich. Dann hat sie behauptet, sie mischt Scheiße und alles so zusammen, so wie 'ne Kräuterhexe, und dann wären die Freier abhängig von ihr. Das mußten die vorher essen. Und dann hat sie noch diesen Vertrag, so einen ellenlangen Vertrag, den Freiern vorgelegt, alles auf eigene Gefahr.

Also, die alte Lou, das war ja auch eine vom alten Gewerbe, und das Schönste, die war tätowiert an den Oberarmen, und ich saß neben der im Fenster. Ich hatte immer solche Kuriositäten neben mir. Stand die ganze Straße gerammelt voll. »Ist das Winnetous Schwester?« und alles so 'ne Sprüche. Wir mußten uns am Fenster immer was bieten lassen. Erst hatte ich die alte Gret neben mir, die mit den schneeweißen Haaren. Blieb natürlich jeder an unserem Fenster stehen. Dann bekam ich Winnetous Schwester, die Tätowierte, die dann den Freiern die Scheiße gemischt hat. Dann hab ich Hanna neben mir gehabt im Kostümchen, mit Hütchen und Damentasche. Die ging ja nun alle vierzehn Tage einmal zum Friseur und zum Bock. Aber Hannchen hab ich auch mal in Fahrt gesehen bei dem Scheckbetrüger, dem schlug sie die Handtasche auf den Kopf. »Scheckbetrüger, du Schwein«, schrie sie den an, den Alten. Und dieser Alte hat nun alle betrogen. Ich hatte ihn einmal im Zimmer und merkte sofort, das ist der Scheckbetrüger. Oh, denk ich, schließ ihn ein. Hab ihn eingeschlossen, hab ein Getränk geholt. Dann hat mir die arme Sau leidgetan, dann hab ich ihn doch laufen lassen. Mich hätte er nicht betrogen, ich hab ihn ja erkannt. Das alte Hannchen hat ja immer in der Herbertstraße, als die siebzig war, so sechs Jungens zusammengeholt für fünf Mark, und hat Sex-Aufklärung gemacht. Hat Sexunterricht gegeben. Hannchen hatte auch einen Kranz an der Tür. Fünfundzwanzigjähriges Jubiläum. Die saß gegenüber von mir.

Und jedesmal konnte man nicht sagen, war's die Putzfrau oder war's ... jedenfalls: Die Freier starrten immer ganz entgeistert auf die langen Unterhosen von Hannchen, echte Liebestöter, reine Wolle ...
Und dann hab ich die Freier rasch in mein Zimmer gezerrt, damit sie mir nicht abhanden kamen. Die können komisch sein bei so was, 'n Schock schlägt auf die Potenz.
Die Sache mit dem Marzipanschwein war genauso verrückt, mußte immer echt Niederegger sein. Da war ein Freier, für den mußte ich immer so ein Marzipan-

schwein essen, vor seinen Augen – er in Unterwäsche – und dabei immer sagen: Und jetzt eß ich dein Ohr, und jetzt eß ich dein Bein, und jetzt eß ich deinen Schwanz. Anschließend mußte ich das restliche Marzipanschwein auffressen.
Ich meine, wenn ich fürs Marzipanfressen bezahlt werde, mache ich das öfter. Da hau ich rein.

Die Geschichte mit dem Allibert-Schrank. Das war in der schönen Wohnung in Weiß. Das haben sich die alten Leute in fünfzig Jahren erarbeitet.
Weiß, schneeweiße Gardinen mit blauen Pünktchen in der Küche. Eine Dusche vom Feinsten. Schöner als in der Heckscherstraße. Größer, schöner, Kacheln und alles. Ledergarnitur. Die Daniela ging nur so herum: »Oh, oh«, sagt sie zu mir, »meinst du, ich kann auch so eine Wohnung haben?« Ich sag: »Kind, das kannst du nicht allein. Später mal.« Und dann diese Gemeinheit! Dann noch mit dem Gebiß das Theater. Jetzt hat der alte Mann ... weil er ja im Gartenhäuschen gestorben ist ... fluchtartig wohl. Gott sei Dank übernehmen sie 'ne Wohnung. Das mit dem Gebiß, das ist das Schärfste. Ich besorge Karin, dieser Frau da, blutüberströmt, ohne Zähne, ohne Haare, die schöne Wohnung. Diese Frau macht den Allibert-Schrank auf, kreischt, schreit, macht auf Dame mit meinem seidenen Zeug, mit meinem Schmuck. ... Rennt zu Erna und schreit: »Erna, Erna, was meinst du, was mir passiert ist!« Erna sagt: »Was denn?« Die Erna kennt aber die ganze Geschichte nicht, die ich erlebt habe. Ich habe die Erna nur immer

16 Im Puff

aufgeklärt. Oder wir halten sie für schlauer, als sie ist. Karin rennt an die Straßenecke, weil Erna wohnt ja dort. »Hach, ich bin ganz geschockt, shocking, plötzlich shocking, ein Gebiß lag im Allibert-Schrank!« Dieser alte ordentliche Mann hat sein Gebiß hineingetan, wo es hingehört, dieser alte Mann. Nur mit dem Unterschied, daß mir ihr Gebiß ständig auf den Kaffeetisch geflogen ist. Eineinhalb Jahre lang! Ich sag: »Karin, bäh, tu das Ding doch weg, es war ja nur von so einem Zuhälterzahnarzt.« Eineinhalb Jahre mußt ich ihre, uähh … jedesmal hab ich gestanden und gesagt: »Iiii, wenn das eine junge Frau verliert, ist das unordentlich auf dem Kaffeetisch, aber wenn ein alter Mann das im Allibert-Schrank hat, weiß ich überhaupt nicht, was es da zu kreischen gibt.« Und so in einem fort muß man sich hier anscheißen lassen.
Das hat sie vergessen. Aber das Gebiß von dem alten Mann, das war jetzt plötzlich das Problem.
Und so ging es bei Danielchen auch. Bei meinem kleinen Danielchen. Hat nie 'ne Mutter gekannt. Logisch weiß das Mädchen nicht, wie sie die Butz waschen soll und alles. Kann es doch gar nicht wissen. Muß man ihr erst beibringen. Was meinste, wie fleißig sie hier die Blumen begießt und alles jetzt. Pfui, sagt die Alte, ich bin aus dem Taxi geflohen. Ich sag: »Karin, wenn du mir das noch einmal antust!« Ich bin ja hier bald irre geworden, eineinhalb Jahre lang. Bis es soweit war, diese Frau war schließlich über dreißig. Daniela war siebzehn. Alle fielen über Daniela her. Ich sage: »Laßt doch das Kind in Ruhe.« Und sie sagt zu mir: »Domenica, wo soll

ich denn meine Wäsche hintun?« Kommt langsam an und fragt lieb. »Wo kann ich das waschen?« Ich sag: »Leg's nur in den Korb.« Alle gegen diese Kleine! So eine Sauerei. Da ärger' ich mich maßlos. Alle vergessen, daß ich oder daß wir alle selber mal so waren und das lernen mußten. Woher soll das Kind denn das haben. Alles fällt über dieses kleine Danielchen her. Und jetzt sitzen wir hier, und die Ulrike hat auch so Probleme mit ihrer Schwester. Die behandeln uns wie so Schlägerweiber, und wir sind ja nun so dünn, wir beide. Wir müssen aufpassen, daß wir nicht in die Nervenanstalt kommen, weil diese ... wo rohe Kräfte sinnlos walten, davon sind wir umzingelt! Die haben ja Rabaukenkräfte.
Eine andere kenn ich und weiß, daß sie ins offene Messer rennt, die nächste kenn ich ohne Zähne. Ich fall bald um, wenn das so weitergeht. Eine schleicht auf Socken herum, die einzige auf Socken. Ich sag schon, Ulrike paß auf, leise, leise, leise auf Gummisohlen. Schmittchen Schleicher mit den elastischen Beinen. Sie kommt in den Raum, ist schon an der Tasche, ach, was wollt ich denn. Wenn ich früher besoffen war, hab ich das gar nicht gemerkt. Aber jetzt bin ich nun mal nüchtern und nur im Streß. Seit drei Tagen denke ich, wieso hab ich diese Tabletten in der Tasche. Früher hätt ich sie ja noch gefressen, und jetzt hab ich seit drei Tagen immer diese Packung ... die kenn ich überhaupt nicht! Muskeltrancopal. Hör mal, wer hat's hier an der Bandscheibe. Ich werde nämlich jetzt am Montag fragen.
Nein, ich werde noch frecher sein, ich werde fragen: »Wer hat seine Tabletten in meiner Tasche verloren?«

Wir sind umzingelt. Und es geht ja hier nur so. Und das nützen diese Personen aus. Ich hab plötzlich fremde Tabletten drin, und mein Portemonnaie ist auch dünn, und ich denke noch, was hab ich nur gemacht …
Gnadenlose, die nur drauf aus waren, daß wir uns endlich mal besoffen hatten, um uns zu beklauen. Um dann am anderen Tag zu sagen: »Ihr wart ja wieder besoffen.«
Und dann wurde auch noch geredet in der Herbertstraße, ich würde dem Freier das Geld wiedergeben, weil ich ihm zehn Mark gegeben hab für 'ne Cola oder für ein Taxi oder für 'ne U-Bahn. Da hatte ich aber noch den Euroscheck. Ich sag: »Was, jetzt ist's aber genug hier. Wenn man beklaut wird …«
Wir sind totgebumst worden. Marlene Dietrich totfotografiert. Wir totgebumst. Und dann nur noch mit fünf Mark in der Tasche, alles andere geklaut.

17 »Fünf Mark in der Tasche, alles andere geklaut …«

»Ich war nicht schön, ich war schlimmer.«

Ich bin mein Leben lang so was gewöhnt. Ich kenn mein Leben nur als Chaos, ich kenn mein Leben nicht, daß es mal in ruhigen Bahnen war, entweder bin ich es, die dieses Chaos auslöst, oder die anderen um mich herum sind verrückt. Ich weiß nicht mehr, was los ist. Ich weiß, daß ich Schutzengel hatte. Ich sage oft zu meinen Schutzengeln, jetzt geht schlafen. Ich will euch nicht mehr beunruhigen, ich nehm heute keinen mit. Ihr könnt schlafen. Drum hab ich doch die Vitrine voll Erinnerungen. Ich hab gesagt, Kinder, zwanzig Jahre – wie mein Opa, zehn Jahre – Porzellan, kleine Sachen, man hängt ja irgendwo dran. Nie im Leben ist einer an die Vitrine gegangen. Also muß ich doch geschützt sein. Ich glaube an so was.

Ich hab's ja auch nicht viel anderes erlebt. Nur, was man draus macht. Dreht man sein Leben so, daß man ewig tragisch rumläuft und sagt, ich bin die tragische Nummer. Oder sagst du, Mensch, ich werf den Dreck weg und will nach vorne, ich will was anderes sehen, was Schönes, bringt mich ins Licht. Das ist die Gisi gewesen. Ich war auch so ein Kind, immer beliebt. In der Schule haben sie gesagt, immer die Waisenhauskinder, nur die Niehoff nicht. Ich wollte Akten tragen, wollte Vorbeterin sein, hab mich immer gemeldet für jeden Scheiß, den ich machen konnte. Goethe und Schiller vorlesen durfte ich. Ich habe mich immer gemeldet. Ich hab irgendwo auch die Gabe, was Häßliches in was Schönes zu ver-

wandeln. Denk ich doch. Was hab ich gekämpft! Nicht nur um mich, auch um andere.
Wenn man sich aus dem Schlamm selber raushangeln muß, mit aller Kraft, wo ist denn da der Neid? Ich bin doch nicht in einem goldenen Bettchen geboren.
Aber der Neid war nie auf mein Aussehen bezogen, mehr auf mein Naturell. Ich hab gesungen treppauf, treppab mit jedem Freier, das war mir gar nicht bewußt. Ich singe ja oft so für mich allein. Und das war denen ihre Wut, daß ich nicht genauso hart und widerlich am Fenster gesessen hab. Ich hab singend die Freier empfangen. Wenn ein Dicker kam: »Ach, sag doch nicht immer wieder Dicker zu mir …«
Einmal saß der Volker Spengler im Salon. Sagt er, weißt du, was du gerade gesungen hast? »Du kannst nicht treu sein, nein, nein, das kannst du nicht …« Mir fallen dann aber auch nur die alten Lieder ein. Und hinter mir die Männer, die hinter mir die Treppe rauf und runter sind, wußten immer, was ich über sie denke. Ich habe meinen eigenen Text gesungen. Das war denen ihre größte Wut, daß ich einfach nicht die tragische Nummer war. Die Kölner haben vielleicht ein bißchen das Naturell, bei allem Elend auch noch zu lachen oder das Beste daraus zu machen. Oder eben in einer komischen Situation zu sagen, Mensch, dann haben wir's eben komisch.
Wenn die Daniela gemerkt hat, mir will einer was, dann streichelt die mich, die würde auf jeden losgehen. Daniela ist wie ein kleiner Roboter. Wenn die aber merkt, mir will einer was, früher schon, sagte sie: »Laß meine

Domenica in Ruhe.« Da geht Daniela hin, die würde glatt ein Messer reinstechen in einen. Daniela hat früher nur widersprochen. Jetzt hört sie zu, dann sagt sie: »Darf ich auch mal was sagen?« Die Daniela mag ich, weil sie so rein ist, nicht um Ecken denkt. Die ist so klar, das ist total klar. Ich werf den anderen das nicht vor, daß sie's nicht sind, es ist nur schwierig für mich, damit umzugehen.

Beklaut oder nicht beklaut, warum ich nie 'ne Anzeige gemacht habe, auch wenn ich sie auf frischer Tat ertappte, immer gesagt habe: »Junge, loof.« Meine Mutter saß ein Jahr im Knast wegen nichts und wieder nichts und war zehn Jahre auf der Flucht. Ich weiß, was das bedeutet. Wegen so einem Geschiß mach ich keine Anzeige. Nicht wegen Geld. Da muß mir schon einer ans Leben wollen. Dann geh ich zur Polizei. Aber nicht für Werte. Das hab ich mir zum Prinzip gemacht, weil meine Mutter zehn Jahre auf der Flucht war wegen angeblichem Schwarzhandel. Für siebzig Mark hat meine Mutter ein Jahr Knast gekriegt, dem Richter vorher allerdings die Tasche auf den Kopf geknallt. Und dann sag ich, also jetzt kriegste es richtig. Sie ist über die Barriere gesprungen. Ich sag nur eines, das hab ich mir dann zum Prinzip gemacht: Verpfeifen, das kann ich nicht, das hab' ich als Kind schon als gnadenlos erlebt. Wir waren drei Kinder, meine Mutter hatte so'n Bus. Wenn der grüne Wagen auftauchte, oder so 'ne Mütze, riefen wir: »Mutti, Mutti, Polizei, Polizei!« Wir waren so trainiert, da fuhr dann einer nach rechts, sagt wo. Hinten links, hinten rechts.

Anna fuhr dann rechts und links: »Kinder, seid ruhig, wir fahren.« Und wenn du das hinter dir hast, dann machst du das nie mehr wegen Werten. Dann sagst du dir, um Gottes willen, was für ein gnadenloses Leben. Zehn Jahre auf der Flucht mit drei Kindern. Mit Waisenhausbesuch, und dann springt die Polizei da rein, und meine Mutter ist raus. Und wenn du das erlebt hast, dann läßt du das eben mit der Polizei. Es ist meine Entscheidung, und ich wundere mich nicht, wenn Leute das ausnutzen.

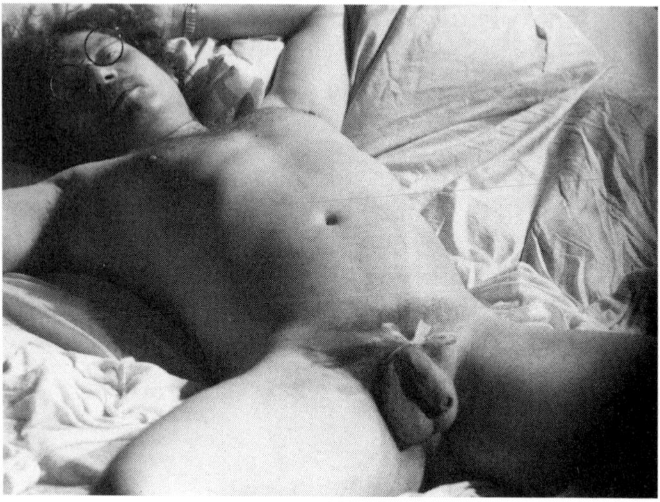

18 Fundstücke aus Domenicas Kiste

Ich konnte zu Anfang mit Frauen nicht viel anfangen; der ewige Konkurrenzkampf, jede gegen jede, die Zuhälter haßten mich, Vorbehalte seitens der Frauen. Aber vielleicht sah ich das auch nur so, denn ich hatte ein Mutter- und ein Vater-Problem. Zuviel auf einmal, für mich jedenfalls, damals, hin und her gerissen wie in einem Kneippbad, dazu innerlich verletzt vom Herumgestoße. Ausgerechnet ich, die ich mir immer eine Familie und ein Zuhause gewünscht hatte, lebte aus einem Koffer, von Zimmer zu Zimmer, gehetzt von Bett zu Bett; Termine, wo ich Wärme suchte, flüchtige Gewalt und Durchreise, wo ich Nähe und Bleibe wollte. Das verängstigte Kind in mir verkroch sich und lernte früh, seine Träume für sich zu behalten, früh, den Mund zu halten. Gut, ich lernte rasch abschalten, was meine Arbeit betraf, lernte Schutzräume aufbauen, mir eine dickere Haut zulegen; Sperren zu errichten, um niemanden näher an mich heranzulassen, als ich es will. Das ist wichtig, das ist nötig als Selbstschutz, sonst erdrückt es dich, und dann kannst du nicht mehr atmen.

Die Narben in meinem Gesicht sind ja nicht umsonst, diesen Blutzoll muß man zahlen für die Blauäugigkeit, bei mir sind sie inzwischen lange verheilt, vergessen sind sie nicht. Du mußt deine Kräfte einteilen lernen, so zeitig wie möglich, sonst überschätzt du ständig deine Kräfte und Möglichkeiten. Du wirst ständig angezapft wie eine Tankstelle, und es saugen viele, viele, denen

es egal ist, wie du damit fertig wirst, oder was für dich zurückkommt, was für dich unterm Strich übrigbleibt. Häufig ist es wenig, viel zu wenig. Aber wer erwartet schon von einer Hure Eigenleben, Verletzlichkeit und Sensibilität in dieser gesellschaftlichen Hackordnung?
Kopfhuren gibt es mehr. Die Kopfhuren haben Geld, Geld, Geld, und die Kopfhuren sind immer die, die sich ausrechnen, was sie davon haben, wenn sie mit dem gehen und so weiter. Die sich nicht nach dem Herzen richten, die einfach verstandesmäßig sagen, och, das ist ein netter Mann. Das heißt, kein netter Mann, aber der verdient pünktlich und fleißig, und dann treiben sie die Männer soweit, daß sie Generaldirektor werden und sich dann erschießen oder tot umfallen am Herzinfarkt und dann machen sie sich noch einen bunten Lebensabend. Auf dem Friedhof, siehst nur Weiber rumlaufen, und im Café Ohlsdorf. Ich war einmal da. Fünfzig Weiber, und ich glaube ein halber Mann. Und in den Bussen in Ohlsdorf fahren die Weiber, gräßlich. Ich frage mich nur, wo die armen Männer sind. Da kann aber wirklich Marlene Dietrich singen: »Wo sind sie geblieben ...«

Ans Kochen kamen wir ja nie ran. Und dann hat man natürlich auch keine Lust zum Kochen. Davon essen konnten wir auch nicht. Wir bekamen solche Pötte. Und dann mit Knubbeln, wenn du nur den Dreck saubermachen darfst, wie sollst du dich am Kochen freuen. Seitdem ich so ein bißchen die Mädchen betreue, seitdem

koche ich so richtig. Ich denke, jetzt habe ich auch ein bißchen Lust bekommen, seitdem ich merke, es schmeckt auch. Dafür bin ich keine Frau zum Putzen. Wenn du nicht prominent bist, bist du nur ein Gebrauchsgegenstand ohne Fingerabdrücke und Fußspuren, auswechselbar und ohne Eigengeruch, zum alsbaldigen Verzehr, ein kurzes Beben auf der zwischenmenschlichen Richterskala. Du mußt dich erst mal zu etwas machen, mußt zu einem Begriff, zu einem Gesicht werden. Denn wenn du anfängst, bist du erst mal ein passabel gewachsenes Nichts, eine Domenica. Nichts. Diese Gesellschaft will alles für sich haben, aber sie teilt nichts. Sie benutzt, sie wertet ab, sie zerstört und sie sahnt ab. Aber daß sie ihre Schwächen gesellschaftsfähig macht, ist nur eine ewige Illusion und würde sie überfordern. Auch die Huren-Kultur paßt da problemlos in ihren Kulturbeutel mit dem Inhalt: Kamm, Seife, Zahnpasta und -bürste, im besten Fall noch ein Waschlappen. In so was kramst du nicht nach Hoffnung.
Die Erwartungshaltung, die die Leute mir entgegenbringen, überfordert mich. Ich komme grade aus meinem Urlaub auf Lanzarote. Da waren jede Menge Pärchen, die mit mir Kontakt aufnehmen wollten, die mich aushorchen wollten, was ich so alles im Puff erlebt habe. Wenn ich gut drauf bin, dann erzähle ich auch. Aber an dem Tag ging es mir schlecht. Ich war einfach nicht in der Lage, locker zu erzählen wie sonst. Da sagt die eine Frau plötzlich zu mir: »Jetzt sind wir aber enttäuscht von dir, du bist ja gar nicht lustig.« Mir war richtig übel,

19 »Eine Domenica. Nichts …«

schon den ganzen Tag. Ich bin wortlos aufgestanden, hab mich umgedreht und bin gegangen. Bin ich für viele nur ein Pausenclown?

Ich falle ja nicht auf, weil ich eine Seniorin bin. Ich denke immer, Spanien ist eigentlich nicht mein Urlaubsland, hier wirst du von Männern gar nicht angemacht. Ich muß eher in den Norden. Einmal hab ich was erlebt, ganz toll. Aber dieser komische Junge hieß Angel. Ich sitze am Swimmingpool, und auf jeden Fall sitzt ein schöner junger hübscher Mann im Anzug mit langen Haaren, sehr schön sah er aus, sitzt da am Swimmingpool, wo man Kaffee trinken konnte. Wir waren immer im selben Hotel, meine Freundin und ich, die ja leider tödlich verunglückt ist mit dem Klempner.

Und der junge Mann starrt immer rüber und starrt immer rüber, und dann geht er raus, ganz demonstrativ, und kommt mit einem riesigen Blumenstrauß wieder und sagt zu mir an der Liege, er hätte für mich Blumen abgegeben vorne. Ich denke, ein hübscher junger Mann, und ich sprach noch nicht so gut Spanisch. Er wollte sich mit mir für den nächsten Tag verabreden in seinem Appartement. Und er hat immer versucht, mir zu erklären, er hätte was für mich gemacht, und ich habe immer verstanden, er hätte mir was geschrieben. Ich dachte, er hat vielleicht ein Gedicht ... soviel Spanisch konnte ich. Ich geh in sein Appartement, und er stellt Rotwein hin und er legte so ein Band ein und auf einmal ging das los. Er hat mich noch einen Tag vorher gefragt, wie ich heiße, ich sage: »Domenica.« Und dann macht er den Kassettenrekorder an, und dann ging das ganz laut los mit der Gitarre: »Domenica und jetzt trinke ich einen pocotino vino«, und dann hat er mit sich selber angestoßen auf der Kassette und man merkte auch richtig, wie der Wein reinlief und Prost und Salute und Domenica …

20 »Prost und Salute und Domenica«

Doktorspiele.

Wir sagten immer »Patient schläft« oder »Patient ist narkotisiert«, wobei die Narkose immer nur aus Schnaps oder Bier bestand. Diagnose, dem Patienten den Puls fühlen und so. Irgendwann hatte ich dieses Patient hin, Patient her mitten in der Nacht satt. Ich wollte nicht mehr, und müde war ich auch und schickte Melanie nach oben: »Geh rauf und sage dem Patienten, Frau Doktor braucht den Samen zur Überprüfung.« Ich ging dann auch nach oben, und da hör ich, wie Melanie mit zusammengebissenen Zähnen sagt: »Nun gib den Samen, Frau Doktor braucht den Samen, gib endlich den Samen her ...« Ich denk mir nebenan, also so wird das nie was, und rufe: »Schwester Melanie, kommen Sie mal her!« Ich rein zu dem Patienten, mit der Stimme hab ich viel gemacht damals. Ich also ganz auf weich und sanft: »Sooo, jetzt gibst du der Frau Doktor schön den Samen!« Mit 'ner geilen Stimme, und dann ging es auch sofort. So, sag ich, das Ergebnis holst du dir dann morgen ab, wir wollen doch mal sehn, ob du noch zeugungsfähig bist, oder irgend so 'nen Blödsinn. Der Freier fragte nur noch: »Ist es denn jetzt vorbei?« »Ja, jetzt, wo wir den Samen fürs Labor haben, braucht der Patient nicht mehr im Krankenhaus zu bleiben ...«

»Wenn du kurz vor dem Umfallen bist, dann wirst du gnadenlos.«

Ein Schlag und ungelogen, ich treff direkt den Solarplexus. Der Typ war schneeweiß. Der wollt mir eine reinhauen. So stand er vor mir, und alle haben gelacht, aber mit einem Schlag in den Solarplexus, peng. Das gibt's ja gar nicht, normalerweise. Ein Schlag. So war das bei mir immer.
Stell dir mal vor, von so 'nem Mann kriegste eine rein! Und der stand da, und ich stand da und denk, was ist denn jetzt los. Der hat ja gesagt, ich darf schlagen.
So ist das! So was passiert mir wirklich. Ich hab hundert Knöpfe gehabt, und war beim Mann das Licht aus, hab ich gesagt, da mußt du drücken. Ich war stinkeblau.
Jetzt müssen alle nüchtern bleiben. Die behaupten alle, sie wären trocken in einer Woche. O Gott, das muß ja eskalieren. Du kannst es mit Freiern sein, aber nicht mit Frauen oder Kolleginnen. Aber was wir erlebt haben in der vollsten Härte, den Kolleginnen gegenüber, die kamen ja so pervers runter: »Na, biste im Zimmer oder biste bei mir?« Die haben ja den Ton dann drauf, wenn sie mit dir reden, so stellen sie sich neben dich. Sag ich: »Du hör mal, bist du noch im Zimmer, oder bist du woanders. Mußt mal umschalten, Mädchen.« Die größten Gemeinheiten. So was Schmutziges.
Was haben sie mich gejagt! Rauf- und runterjagen, das konnten sie alle. Aber jetzt wollen sie alle abbeißen. Wollen alle an meine Rosinen ran. Die gönn ich ihnen nicht, die geb ich den Kleinen, aber bestimmt nicht den

charakterlosen Frauen da oben. Die die Kronen aufhaben, die kriegen nicht die Rosinen. Die müssen die Kronen erst mal abgeben, und die Kleinen kriegen die Kronen. Das ist mein Wunsch in der Richtung hier. Darum hab ich gekämpft und nicht für was anderes. Und nicht für mich. Ich hab wirklich dagestanden, ich wollte das ja nicht, und ich denk, ach, du mußt es machen, als ich all die alten Siebzigjährigen da sah. Die alte Gret, die klopfte ja schon immer, die wußte schon gar nicht, wo sie klopft. Da wollt einer rein, Gret, ich bin dat, verstehste, die hat ja schon geklopft, weil sie seit fünfzig Jahren klopft. Die andere, Coco im Hinterhof, die hat immer gesungen. Die war ja auch noch im anderen Jahrhundert! Sonntags singen die »Hoch auf dem gelben Wagen …« Wie ich den Hinterhof dann übernommen habe, das war die Hölle. Ich war ganz allein in dem Haus. Es kamen die ganzen Penner von vorne, die Pufflatscher. Dreißig Mark? Vorher hatte ich schon bei fünfzig nee gesagt. Und bei siebzig mittlerweile! Aber grinsend. Ein paar hundert kamen alle schnurstracks. Oh, endlich für dreißig, stürmten mein Fenster. O Gott, jetzt bin ich hier hinten für dreißig Mark. Noch schlimmer wie in Dresden. Dann hab ich plötzlich schon vor Schreck gesagt: hundert! »Was, du bist doch hinten? Warum denn hinten?« sag ich. »Dreh dich mal rum, da wo du herkommst, ist hinten. Verschwinde mal wieder nach hinten.« Sogar mein Stammgast hat mal so was gesagt. Zwanzig Jahre mein Stammgast. »Hör mal, Domenica, du bist doch jetzt hinten, kannst du nicht ohne Gummi machen?« Ich sag: »Hast du denn hier oben eine Klatsch? Bin ich jetzt anders als vorne, oder was?« Selbst der. Nachher haben alle hundert gesagt, hochachtungsvoll. Die kamen dann und haben gebettelt, nachher, für zweihundert reinzukommen. Das hat aber ein halbes Jahr gedauert. Ich mußte diesen Ansturm von dreißig erst mal überstehen. Da hatte ich aber die alte Wienerin, Addi. Da muß ich sagen, die hat mich immer aufgemöbelt. Wenn dann die Penner kamen, Altersheim Wichserloge, da hat die alte Addi geschrien: »Ihr Friedhofsprimeln!«. »Ohne Gummi«, haben die gesagt. Der eine wollte französisch, der andere wollte Titten, die meisten wollten drübersteigen ohne Gummi, wollten ein großes Kondom da unten drin haben, damit sie ohne machen konnten, das war grausam für uns. Hier so'n Müllsack drin. Alles rein, ohne. Müllsack unten drin. Wir waren sehr erschrocken. Die Deutschen wollten jetzt auch die Preise senken. Ich hab gesagt: »Ich will keinen Müllsack.« Die Französin, 'n Müllsack unten drin. Buh, da kriegst du ja das Kotzen. Französinnen sind vor zwanzig Jahren gekommen und haben zu den Deutschen gesagt, es gibt was Neues, das kann man sich hier reinschieben, wie so 'n Müllsack, und dann kann man alles ohne machen und viel Geld verdienen. Die deutschen Frauen wollten den Müllsack nicht. Zwanzig Jahre später bin ich im übrigen wieder von dem Müllsack überrollt worden. Gibt es ja jetzt, was Frauen sich auch reintun können, als Großkondom. Das sollten sie im Fernsehen zeigen, das ist ein Vaginalkondom. Warum soll sich nicht der Mann schützen, warum soll die Frau jetzt einen Müllsack tragen. Da kam eine mit

so einem Ding … und das sollte man wo befestigen, an den … also weeßte! Die deutschen Frauen haben sich geweigert, diesen Müllsack zu tragen. Die wollten das viele Geld nicht. Die Französinnen haben immer am besten verdient. Müllsack, ist ja auch nicht gerade das Gelbe vom Ei. Ich könnte kotzen.
Der Spitzname für leichte Frauen in französisch ist: »Spucknapf für die Hoden.« Daß man auch mal sieht, wie Frauen von anderen Frauen betitelt werden. Da ist der Ehrenkodex aber steinhart. In Frankreich ist die ganze Prostitutionsschiene noch viel brutaler und zynischer, darum hab ich für Frankreich ein Interview ja mal umsonst gegeben. Wirklich. Weil ich gedacht habe, von Deutschland aus kann ich für Frankreich was sagen. Hab ich gesagt, wenn die Polizei mit den Zuhältern zusammenarbeitet gegen die Frauen, dann kriegen die Frauen ja nie ihr Recht. Für die Liebe braucht man nicht zahlen.
Wenn ich mir vorstelle, unsere Französinnen, zwanzig Jahre im Fenster! Den Mann nie gesehen, das Geld gnadenlos geschickt. Und darum hab ich von Deutschland aus das umsonst gemacht für Frankreich. Ich dachte, es hilft vielleicht.

Die Frauen, die sagen nicht, ich hab meinen Beschützer und er tut was für mich. Die schmücken sich mit dem Kerl. Patron. Das ist nicht so, daß eine mal sagt: »Ich werd von meinem Luden unterdrückt.« Die sind stolz drauf, die sagen: »Guck mal, mein Mann!« oder »Mein Herr, guck mal, was der für schönen Schmuck hat.«

Es gab ja auch in St. Pauli damals diese Auffassung: Mein Lude muß zwei Zentner haben. Je dicker der Lude, um so besser die Frau verdient, um so angesehener die Frau. Die orientieren sich ja immer an Statussymbolen und Äußerlichkeiten. Er schlägt mich, also liebt er mich. Das geht noch schlimmer, einige war'n damals so blöd, die haben gedacht, Frau Nummer sieben oder Nummer zwanzig auf der Liste zu sein. Waren Nummer zehn und wollten Nummer eins werden. Keine sagte, ich bin für ihn nur eine Geldquelle.
Ich hab von Anfang an gesagt, zu dritt nicht. Sobald ich gespürt habe, daß wir zu dritt waren, habe ich sofort gnadenlos Schluß gemacht. Aber wir haben fünf Frauen nebeneinander sitzen gehabt, und immer die Bestverdienende durfte mit, und die wollte dann Nummer eins werden. Dann waren wir doch zu dritt, aber das hab ich dann herausgekriegt. Mir hat's ja keiner gesagt, weil ich ja den Großluden hatte. Der hätt ja allen eine vor die Schnauze gehauen, und mir auch noch. Ich habe es zufällig mitgekriegt ... von da an waren wir nicht mehr zu dritt, da war ich nämlich schon allein. Ich hab mein Täschchen gepackt, im Palais, von da an war ich allein. Ich wollt mich nicht raufarbeiten zur Nummer eins. Wie wenig müssen die sich selber wert sein, daß sie meinen, Nummer eins zu sein! Ich bin doch lieber Nummer eins als Professorin oder als Frau Doktor. Aber doch nicht Nummer eins beim Luden!
Diese Macho-Erziehung, wie man das in Südeuropa kennt, besonders aus Südfrankreich. Die meisten französischen Huren, die kommen nun mal aus Südfrank-

reich. Man erzählt dir, als Frau bist du nichts, taugst nichts, du bist nur das, was dein Mann ist. Das kriegst du schon mit in die Wiege gelegt, und wenn du in die Grundschule kommst, sagt man dir, sei schön brav und sei schön züchtig, damit du nur dein Bestes an deinen Ehemann gibst, und sieh zu, daß du einen reichen und vornehmen Mann aussuchst.

Bei uns im Waisenhaus wurde immer gesagt, da unten rum, da unten rum, da hast du nichts zu suchen. Noch mit Unterhose duschen. Selbst beim Waschen hat man da nichts zu suchen.

Wenn du aus Südeuropa kommst, bist du nur das, was dein Mann ist. Man erzählt, eine Frau, die sich prostituiert, egal, weswegen sie dazu gekommen ist, die ist noch weniger Dreck als die letzte Kakerlake aus der Mülltonne. Besonders wenn du auf eigene Rechnung arbeitest. Wenn du das machst, dann machst du das sowieso aus Liebe zu einem Mann, dann hast du eine Entschuldigung. Wenn du das aber für die Kohle machst und sagst, ich hab das Geld verdient, ich werd' das alles ausgeben, dann bist du sowieso eine verkappte Lesbe oder noch schlimmer.

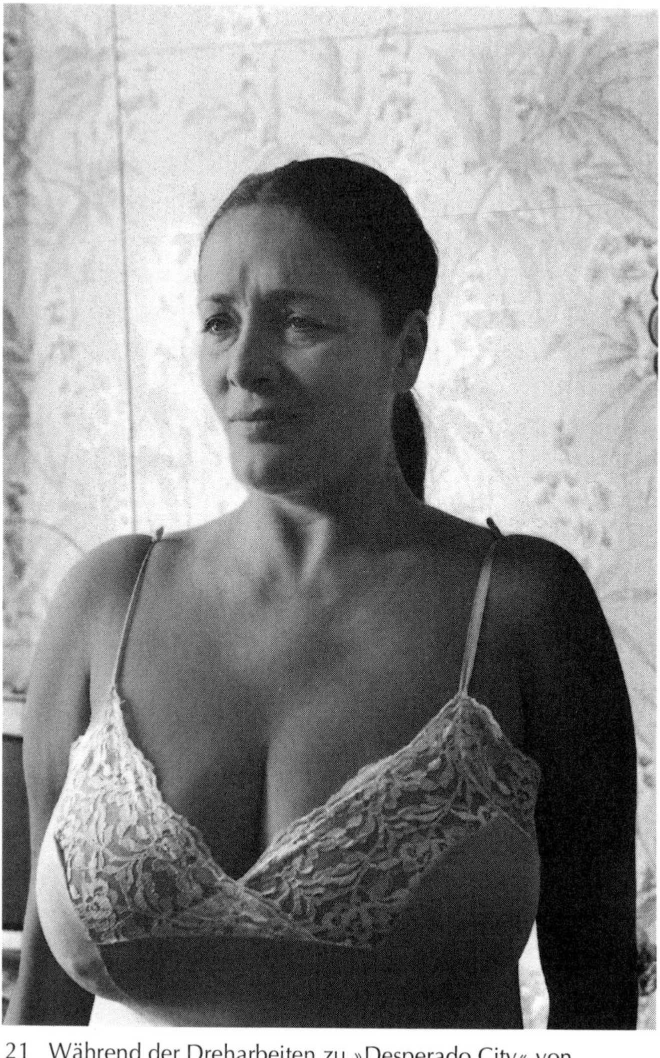

21 Während der Dreharbeiten zu »Desperado City« von Vadim Glowna

»Grenzen überschreiten konnte ich nie,
ich mußte sie sprengen.«

Ich war ja Emanze, plötzlich. Dann bin ich ja beim Ringo – ich brauch ja keine Namen erwähnen –, sagt ein Zuhälter: »Domenica hat jetzt 'n Emanzenpuff. Was ist das denn? Das ist etwas ganz Neues.« Ich hab sie schön geeiert dann auch. Ich hab aber auch ausgeteilt. Wieder einen Zahn ausgeschlagen gekriegt. Ich hatte dem Luden aber schon die Zähne bezahlt. War immer derselbe Zahn, der hat gewackelt. Der Opernsängerzahn, nachher der andere Emanzenzahn, kommt er schon wieder mit dem Zahn. Und der Zahnarzt, der gute Zahnarzt auf St. Pauli, sagt: »Mädchen, ich kenn dich schon.« Haben wir mal dem einen die Zähne bezahlt, dem Günter, am anderen Tag hatte er die Zähne schon wieder draußen. Hab ich gesagt, das lohnt sich ja nicht. Der schlug sich ja mit jedem auf der Herbertstraße, der Einholer Günter. Raus, Fotzen, raus. Logisch haben die Kerle dem die Zähne ausgeschlagen. Da kam er wieder angeheult, da hab ich gesagt: »Nein, das lohnt sich nicht, lauf lieber ohne Zähne rum.« Jetzt hat er unechten Goldschmuck, wie ein Lude. Ach, der war Knecht auf einem Bauernhof. Lederklamotten hat er auch immer an. Anstatt Haushaltsfotzen ruft er immer nur Hausfotzen.

Was mußten wir uns am Fenster alles anhören! Damals, als ich so gesoffen habe. Ich war ja stinkefrech. Und ich habe immer bei den Netten das Fenster zugeknallt. Das war dann der Hundertste, gerade der Nette. »Domenica, mach doch auf!« Nein, nichts mehr, ich mach überhaupt nicht mehr auf, mir ist alles egal jetzt. Bin schon genervt.« Aber am Fenster war ich am besten. Irgendwann hatte ich die Schnauze voll. Ich war die erste, die nicht geklopft hat. Als ich ankam, klopfte ja alles. Ich brauchte gar nicht klopfen, die sind Schlange gestanden. Aber das Schönste war der Jumbo-Jet. Den hab ich vermittelt. So ein Jumbo-Jet hab ich gesagt, und da kam die in Transparent. Die hatte eine rosa Haut und so einen Body an in durchsichtig, die kam die Treppe runter. Wir dachten alle, die kommt nackt runter. Jumbo-Jet kriegt die Tür. Und früher, an der Herbertstraße, haben sie sich alle um die Tür geschlagen. Die alte Doris ist ja an der Tür gestorben. Ist die einzige, die davongekommen ist. Die alte Doris, mit Taschenpfändung. Die stand mit Sechzig an der Tür, da ist sie auch umgefallen. Und die zweite, die Evelyn, die Tante von Rebecca, die hat bezahlt, aber nur ein bißchen, um ihre Ruhe zu haben. Aber die dritte, die Elfi, die war aus Sachsen, die riß die Bluse auf und schrie Hilfe, Vergewaltigung. Der Steuerbeamte ist gerannt.

Die Tür war, als ich in der Herbertstraße ankam, das Lieblingsobjekt. Jetzt haben die plötzlich gemerkt, daß ich auf dem Stuhl saß. Jetzt war die Tür gar nicht mehr interessant, jetzt wollten plötzlich alle auf den Stuhl. So ging es mir im übrigen in München auch. Ich hatte die allerletzte Tür. Tittenfrauen kriegten immer die letzte Ecke, weil alle wußten, die gehen von allein, also die anderen hatten es schwerer, die kamen nach vorn.

Ich kam in München in die letzte Ecke. Bei Staudinger. Also, was passiert in der Dachauer Straße. Alles rennt in die letzte Ecke! Meine Tür ist also direkt eingerannt worden. Auf jeden Fall wollen alle die Tür haben. Nichts lief mehr. Ich nach Hamburg. Die vielen Türen, haben sich jahrelang darum geschlagen, jetzt sitz ich auf dem Platz, renne rein und raus, kann noch nicht mal mehr sitzen, muß schon wieder aufstehen, konnte noch nicht mal einen Kaffee trinken. Jetzt wollten plötzlich alle die Tür nicht mehr. Jetzt wollten sie auch alle sitzen. So ging es mir dauernd. Und jetzt kann man sich vorstellen, was für eine geballte Ladung Neid und Eifersucht kam. Ich ohne einen Ton und ohne Klopfen, ohne irgendwas. Ich kann ja nichts dafür, ich hatte die Ausstrahlung. Und dann kam auch noch die Presse. Jetzt war alles zu spät!

Viel Feind, viel Ehr, hab ich nachher gedacht. Ich denk, o Gott, o Gott, was hab ich hier nur angerichtet. Ich hab gar nichts gemacht, und hab alles angerichtet. Ohne was zu tun. Sogar Rebecca hatte mehr verdient, weil die besser kobern konnte. Ich wollt immer hoch und denk, jetzt trinkst du einen Kaffee. Mußt ich schon wieder runter. Ich hatte aber auch unheimlich liebe nette Freier. Die mochten mich von Anfang an, die haben mich gestreichelt. Ich hatte auch Bekloppte. Aber die bei mir hängengeblieben sind, waren die unheimlich Feinen, Sensiblen. Ich war nicht schön, ich war schlimmer. Die Titten haben sie alle geblendet, jeder glotzte auf die Titten, keiner guckte ins Gesicht. Und die mir ins Gesicht geguckt haben, die waren gut. Das waren die besten Freier. Die anderen sagten: »So, was kostet's?« Ach du lieber Gott, was kostet's? Und wenn die das Maul aufmachten, wußte ich direkt schon, Schuhe oder Stiefel. Was kostet's? Je nachdem, wo die hinguckten, konnte man die wirklich schon einschätzen. Endlich mal einer, der in die Augen guckte. Haben auch zu mir viele gesagt, sie könnten nicht mitgehen, meine Augen wären so traurig.

»Jeder hat einen Sänger.«

Die Geschichte vom Kammersänger, der mir fünfhundert Mark geschickt hat, und ich soll mich melden in der Kaffeeklappe vom Diakonischen Werk, wo eben die Aussteigerinnen verkehren, da haben wir mal so gelacht und uns unterhalten über alte Zeiten. Jeder hat einen Sänger. Die eine hatte den teuersten, ich hatte den »Wildschütz«, der war billig, aber dafür jung und dynamisch. Eine andere hatte auch einen Bekannten, die hat den mit nach Haus geschleppt, und da sollte er zu Hause trällern und schmettern. Das hat er auch gemacht, dummerweise. Dann ist der Zuhälter aus dem Schlafzimmer gekommen und hat ihr einen Zahn ausgeschlagen. Allerdings hätte ich ihm auch einen Zahn ausgeschlagen. Also, das habe ich auch nicht begriffen. Dann habe ich eben von dem Kammersänger Herbert – auch noch ein Herbert wie die Straße – diese fünfhundert Mark geschickt gekriegt, die hab ich dann in der Kaffeeklappe Hamburg geteilt, weil wir eben alle einen Sänger hatten.
Den Kammersänger hab ich nie gesehen, den hab ich nie kennengelernt. Ich hab den Brief vom Kammersänger verloren. Ich soll mich melden, er wäre einsam. Den kannte ich gar nicht. Der hat mir einfach den Brief geschrieben und das Geld geschickt, und ich soll mich melden, dann habe ich den Brief verloren. Wie immer. Wenn es um Wichtiges ging, um Geld, dann habe ich alles verloren. Ich wollte mal anrufen, aber dann war er weg. Mit der Post bin ich nie so genau. Ich antworte

auch nie und schreibe so ungern. Ich weiß gar nicht, warum.
Also, Aufruf an Herbert. Herbert, melde dich noch mal. Herbert, melde dich, über den Verlag, Kammersänger Herbert aus Rendsburg.
Ich bin ausgeblutet, ich habe noch nie einen Schwächeren und Ärmeren ausgenommen, ich gehe an die Großen ran. Im übrigen hat das sogar der ganze Kiez gesagt. Meine Freunde waren immer oben, die waren nie unten. Man tritt nicht nach unten, man tritt nach oben! Das ist für mich ein Prinzip seit dem Waisenhaus. Und darum – ich such mir doch meine Feinde oben und nicht unten. Über Leichen sind wir nicht gegangen, wie jetzt die Aids-Mafia.
Ich bin bald soweit. Die Matratzen kriegt einer vor die Tür. Der kann dann nachts die Matratzen schleppen. Ich kann nicht mehr. Und wenn du nicht mehr kannst, kannst du nicht mehr. Wenn du kurz vor dem Umfallen bist, dann wirst du gnadenlos. Wenn die sagen: »Im Himmel ist Jahrmarkt«, da frag ich: »Wo sind die Buden?« Wenn sie aber oben und unten sind, was dann? Ich meine, zwei Beine hat man ja. Jeder hat zwei Beine. Eines tritt nach oben, auf einmal kannste 'n Spagat. Da fragen sie dich auch noch: »Wieso kannst du Spagat?« Das hat man trainiert.
Dieser Budenbesitzer, der Carlos, den sie ermordet haben, der kam immer mit fünfzigtausend Mark in bar, was ja wirklich strafbar ist.
Ja, der hatte Prothesen, Beinprothesen, keine Beine, den hatten sie an den Beinprothesen an die Heizung

22 Domenica in einer Zeichnung von Tomi Ungerer

gehängt, oder so ganz was Grausames, das will ich gar nicht in meinem Buch drinhaben, so was Grausames. Auf jeden Fall, der hatte immer fünfzigtausend in bar dabei. Dicke Brillantklunker, und in der Zelle auch noch Brillanten. Also mit anderen Worten, ein Verrückter, der war über sechzig. Und sowieso mit Beinprothesen behindert, also, wie kann man da mit fünfzigtausend rumlaufen? Also, da ärgere ich mich irgendwie heute noch, daß ich dem Mann nicht das Geld abgenommen habe. Ich war nicht in der Lage dazu. Aber bei dem wäre es wirklich egal gewesen. Und dann, der letzte Anruf: »Komm, hol Anne, hol Anne.« Aber weil der sich immer mit den Zuhältern so wichtig, tat, hab ich gedacht, das war wieder so ein wichtigtuerischer Anruf, wie er gesagt hat: »Hallo, alle sind meine Freunde« und so. Ja, und als sie ihn dann ermordet haben, war wohl keiner da.

Ich denk nicht dran zu denken. Ich treffe in der letzten Zeit immer so viele Kopfmenschen. Die haben immer so viele Schwierigkeiten, Bauch und Herz in Einklang zu bringen. Ich habe immer nur emotional gehandelt, selten logisch. Genauso habe ich immer Heißgetränke getrunken, auch im Sommer, nie was aus'm Eisschrank. Heißen Tee mit Baccardi.

»Ein Vorbild hätte ich manchmal schon ganz gerne.«

Vielleicht werd ich auch Theaterschauspielerin. Also die Jenny: »Und ein Schiff mit acht Segeln ...« Ja, ich singe immer: mit tausend Kanonen an Bord, dabei waren's nur fünfzig. Ich weiß nicht, warum ich immer tausend singe. Tausend Eier, tausend Meyer. Das sollte nächstes Jahr im Frühjahr losgehen, müßte ich aber noch die Katharina Thalbach anrufen. Mein Lieblingsfilm war wirklich »Die Blechtrommel«. Der Schlöndorff, wie ich den kennengelernt habe ... Irgendwie hatt ich ja wirklich wahrscheinlich mit den Künstlern im Kopf was laufen. Muß ich irgendwie ein Trauma haben.

»Des Kaisers Nachtigall«. Im Waisenhaus haben wir immer so kleine Theateraufführungen gemacht. Ich wollte natürlich ganz furchtbar gerne immer mitspielen. So eine Rolle wollte ich immer schon haben im Leben. Egal, ich wollte immer eine Rolle haben. Und ich habe auch dann im Puff viele Rollen gespielt, weil ich die auch gern spielte. Wenn ich die Tante mit Neffe gespielt habe, ich war die Tante, da ging kein Weg daran vorbei. Ich hab mir allerdings auch immer Spiele ausgesucht, wo man belohnen und bestrafen konnte. Nur, die Bestrafung hat mir nie gefallen. Also beides zusammen war in Ordnung. Bei »Des Kaisers Nachtigall« habe ich das Küchenmädchen gespielt, und dann kommen alle, der Kaiser und so, und suchen die Nachtigall, weil die natürliche Nachtigall, so ist die Geschichte, ist weggejagt worden, und dann haben sie sich künstliche genommen, und die künstliche ist plötzlich kaputtgegangen. Und da mußten sie die natürliche wiederhaben. Ich denke schon, daß mein Leben auch so war. So seh ich das. Das Küchenmädchen sollte die Nachtigall suchen. Dann kam eine Kuh. Ah, ist das die Nachtigall? Dann kam ein Schwein. Ist das die Nachtigall? Und ich mußte als Küchenmädchen immer kichern und lachen und sagen hahaha, wie blöd, wie blöd. Auf jeden Fall, irgendwann kam dann wirklich die Nachtigall, und ich sag, die Nachtigall. Und dann alle: Die Nachtigall.

Dieselbe Situation war bei Thurn und Taxis und Von und Zu, wie die kamen, und ich fühlte mich auch so als Küchenmädchen in der Nacht, und was ist das? Ein Klo, wo man drauf scheißen kann, und das ist ein Käfig. Also genauso, dieselbe Situation. Und im übrigen wurden alle Theateraufführungen, die ich als Kind gespielt hatte, bei mir Wirklichkeit. Das eine Burgfräulein, was ich mal spielen sollte, mit der anderen. Ich mußte diesen ganz fiesen Text sagen: »Wollt ihr sie lehren, ihr Elend zu preisen.«
Die andere durfte sagen: »Zu lieben und es ganz zu umfangen.« Und ich wollte immer die andere Rolle. Ich hab immer zu der Nonne gesagt: »Darf ich nicht das spielen?« Nein, ich mußte sagen: »Wollt ihr sie lehren, ihr Elend zu preisen.«
Ich fand’s fies, wie im richtigen Leben auch. Ich mußte immer die Fiese sein. Und dann hatte ich eben noch dies »Der Fischer un sin Fru« war ich auch wieder das arme

Mädchen und die Mutter, die immer mehr wollte. Tatsächlich wie bei meiner Mutter. Und dann, wie's zum Schluß ging: »Geht mal nach Hause, es ist alles wieder aus.« So war es bei mir auch. Und dann eben das Theaterstück, »Koralle Meier« vom Martin Sperr, wo ich so geweint hab. Ich wußte genau, ich werde die Koralle. Aber jetzt habe ich eine Wohnung, wo früher ein Gemüsegeschäft drin war. Sieht jetzt schon aus wie ein Salon. Vielleicht ist das ja doch dann mein Gemüsegeschäft. Ich weiß es nicht.

23 Für Domenica, vom Altmeister des französischen Cartoons, Alex Varenne

Theater, das wollt ich erst gar nicht machen. Hatte ich, wie im richtigen Leben, so einen schlimmen Text von dem Gerald Uhlich gekriegt, diesen »Herren aus aller Herrenländer werden euch Postkarten schicken, ihr werdet Damen von Stand«. Diesen schrecklichen Text habe ich sogar mit der Wirtschafterin in der Herbertstraße gelernt und rumgeschmettert. Auf jeden Fall, eines Tages gibt er mir ein anderes Blatt und sagt, nee, ich hab's mir überlegt, Domenica, du sagst das. Da fang ich an zu lesen, war das von Fellini, ein Brief an Toulouse. Das ging dann in etwa so: »Du Aristokrat, verachtetest die Welt der Schönheit, du liebtest geschlagene und gefallene Menschen ...«

Auf jeden Fall haben sie dann den Professor Hofmann gefragt: »Was halten Sie davon, wenn die Hure Domenica in Ihren Heiligen Hallen auftritt?« Hat er nur gesagt, ganz trocken, das war ein Wiener: »Die anderen, die mitmachen, kenne ich ja auch nicht.« Das ist zwar nicht eine tolle Antwort auf die blöde Frage, aber auf jeden Fall hab ich ihn mal wiedergetroffen, da wollte ich ihm sogar ein Bild verkaufen, das hat er nicht genommen, und das war sogar von einem bekannten Maler, der Penck, und das hab ich dann jemand anders verkauft, was mir ein bißchen leid tut, aber ich war wieder, wie immer, in einer finanziellen Zwickmühle. Und da hat er mir einen geklauten Aschenbecher aus dem Hotel Sacher geschenkt. »Hab ich extra für Sie geklaut.« Das fand ich mehr wert, als wenn er mir was anderes geschenkt hätte. Diesen Aschenbecher habe ich noch und liebe ihn. Ich denke, das Hotel Sacher verkraftet so einen kleinen Aschenbecher.

Theater hat mich schon immer begeistert. »Koralle Meier«, das Stück vom Speer, das hab ich mir angeguckt, da war ich vierundzwanzig Jahre alt und noch nicht im Puff. Ich hab geweint und geweint, weil ich genau wußte, ich wär die Koralle. Das Gemüsegeschäft hat sie nie gekriegt. Ich hab ja auch mein Gemüsegeschäft noch nicht. Die hat ja nun die Juden und die Nazis bedient im Zweiten Weltkrieg, und dann kam sie noch ins KZ obendrein. Mir ging's ja genauso, ich hab jeden bedient, mir war das doch egal, ich frag doch nicht, wer es ist. Und dann haben mich die anderen angefallen und gesagt, wieso hast du den reingelassen. So ein Blödsinn.

Ich meine jetzt nicht ein Gemüsegeschäft mit Apfelsinen und Zitronen und Äpfeln. Doch, ich möchte irgendwo einen ruhigen Pol haben, wo ich weiß, hier bin ich angekommen. Möchte ich das? Weiß ich nicht. Ein Gemüsegeschäft mit Menschen ja. Aber es ist alles so mühsam.

Ich weiß nicht, wo ich lande, im Theater, im Salon oder in der Sozialarbeitslage. Ich kann das nicht sagen. Vielleicht ist ja jedes einzelne mein Lieblingsgeschäft. Daß es mich jetzt irgendwo besonders hinzieht, kann ich nicht mehr sagen. Ich bin überall gern. Nur ob ich überall lange gern bin, das ist der Knackpunkt, den ich noch nicht herausgekriegt habe, was mich aber auch am wenigsten belastet. Es belasten mich meine Bekannten, die immer sagen, du mußt doch mal und weißt du ...

Das, was ich möchte, ist meine Sicherheit, ich möchte nie reich sein, aber ich möchte eine Sicherheit haben, daß ich sage, ach Gott, ich muß nicht. Eine kleine Sicherheit finanziell. Ein kleines Café wäre ja auch ganz schön. Lieber nicht, nee, das wäre mir zu, puh! Ich ekle mich vor Cafés. Hab ich hier gedacht, krieg ich direkt einen Ekel. So solide, so brav, die Omas, die da sitzen, beige-braun. Nein, nein, nein, ich möcht schon was anderes. Ich möcht ein buntes Café, kein kleines Café. Es kann auch klein sein, aber bunt.

Wenn ich in dem Sandkasten steh, bau ich mir ein Häuschen, das geht. Das funktioniert, aus allem mach ich was. Ich versuche immer, aus allem noch was zu machen, sagen wir mal so. Das ist vielleicht auch der letzte Weg ... kann ich nicht erklären. Also, mir ist das egal. Du kannst mich heut nacht auf die Straße stellen, da mach ich mir auch noch einen Spaß, das ist mir wurscht. Dann mach ich mir einen Spaß daraus, zu sagen, hast 'n Kleid für mich. Ist mir doch egal. Damit habe ich überlebt.

Die haben früher schwer gelacht über mich. Ich war oft wirklich unmöglich. Als ich die Liliputaner mitgenommen habe. Hab mir nichts dabei gedacht und klingle beim Freier und sage: »Du, die sind doch klein, die brauchen doch nicht viel Platz, die können am Fußende schlafen.« Da habe ich nix bei gedacht. Aber ich habe nicht gesagt: »Ich bring Kleine mit«, ich hab gesagt: »Ich bring Bekannte mit.« Ja, und der Mann dachte, ich komme mit zwei Kindern nachts an. Dann muß ich noch gesagt haben, ich war wohl besoffen: »Die können hier schlafen am Fußende.« Der hat geguckt wie'n Handtuch.

Ich denk nicht daran zu denken. Ich habe immer einfach nur nach Bauch gehandelt, Herz und Gefühl, und das hat funktioniert. Ich meine, es hat manchmal so funktioniert, daß die Leute mich angeguckt und gesagt haben: Das gibt's doch nicht.

Aber Lehrgeld habe ich genug bezahlt, schrecklich viel. Ich habe furchtbar viel Lehrgeld bezahlt. Alles bereuen oder nichts. Genau das. Ich kann es nicht beschreiben. Ich bereue alles oder nichts. Eines von beiden. Es gibt nur den einen Weg. Alles haben sie mir gezeigt und erklärt und schön beschrieben. Ich wollte ja nur mich. Ich habe doch noch meine Mutter intensiv in mir, die hat mich geprägt.

Gar nichts hat mich veranlaßt auszusteigen. Zum Schluß habe ich endlich als Hure dreißigtausend Mark gespart. Hure sein und sparen, das wollte ich fünf Jahre machen, dann hätte ich meinen Salon gehabt mit dreihunderttausend Mark. Und dann kamen die Stellen, und dann kam die Sozialarbeiterin und sagte, jetzt haben wir Stellen bei der Behörde, weil der Diakon nein sagte. Der Diakon hat mir unbeabsichtigt einen Gefallen getan bei der Behörde. Die Stellen sind natürlich besser als im Diakonischen Werk, weil die dort viel schlechter bezahlt werden. Aber dann war ich schon so weit, daß ich gesagt habe, ich will das nicht mehr. Jetzt bin ich endlich Hure geworden, jetzt kann ich sparen und arbeite endlich mal, so wie es sich gehört, gnadenlos, was heißt gnadenlos, also eben einfach ohne meine Zeit zu vertrödeln mit Gequatsche und mit Gesprächen.

Ich war auch die einzige in meinem Puff, die ein Klavier hatte zum Beispiel. Also, ich hab mir lieber ein schönes Musikstück angehört von einem Gast, und dann gab's eben mal kein Geld, aber dafür hatte ich Musik. Das ist eben das, was so bei mir war. Mit anderen Worten, da wollte ich dann doch meinen Salon, und da sagt sie: »Nein, das mußt du machen, wir haben jetzt die Stellen, wir haben doch so gekämpft.« Und in dem Moment hab ich wirklich gedacht, das stimmt, ich hab ja meinen Mund groß aufgerissen, wir wollen Stellen, und wir wollen .... Da hab ich gedacht, jetzt mußt du das wirklich mal machen, und wenn du es nur ein Jahr machst, als Vorbildfunktion. Und da wußte ich aber nicht, in welches Grauen ich komme mit Drogen. Also ich hatte bis dato mit Alkohol zu tun oder Tabletten, auch in meinem Umfeld, aber nicht mit der Nadel und mit Grauen und Obdachlosigkeit.

Unsere Huren hatten eine Wohnung und waren ohne Abszesse und gepflegt, nahmen Geld mit nach Hause. Aber St. Pauli und St. Georg, das sind ja zwei Milieuviertel, zwei Paar Schuhe, zwei Welten. Ich bin in das Grauen gekommen.

24 Ein Klavier zieht in den Puff

25 Am Klavier

Für einen Tausender konnte ich nie richtig arbeiten. Ich war so belastet von der Vorstellung, jetzt mußt du was ganz Besonderes leisten. Da ging bei mir gar nichts. Ich wollte die Männer für'n Tausender besonders zufriedenstellen, ist mir nie gelungen. Für zwei- oder dreihundert Mark ist es immer gelungen, da war ich locker und unverkrampft, so richtig in den Vollen. Der Tausender mit Superprogramm war mir zu stressig.

Im Puff war eine, die hatte so einen grantigen Luden und der stand immer vor ihrem Fenster, der wollte tausend Mark. Sie hat zu mir gesagt: »Das sagt er ja nur, weil er eifersüchtig ist. Der sagt das ja nicht wegen der tausend Mark.« Der hat die erpreßt, bedroht, geschlagen, der trampelte auf ihr rum, sie schreit um Hilfe, die Polizei fährt vorbei. Da sagt die Polizei: »Machen Sie eine Anzeige?« Während des Trampelns sagt sie noch nein. Da ist die Polizei weitergefahren. Sagt sie zu mir: »Stell dir mal vor, die Polizei!« »Ja«, sag ich, »was soll sie denn machen, wenn der auf dir rumtrampelt und du schreist nicht?« So, die ist auf jeden Fall ausgestiegen, hat ein Kind gekriegt, der geht's Gott sei Dank wunderbar. Dann besuche ich die in München. Was hatte sie? Alles Pappmöbel. So aus Pappe. Das war das erstemal, daß ich so was gesehen habe. Da hab ich noch in dem Pappbett geschlafen, das war ja knochenhart. So steigt man aus. Ich hab immer gedacht, dieses Mädchen geht noch mal nackt aus der Straße weg. Die hat sich alles abnehmen lassen. Bei der hat man nur sagen müssen, ach, du hast aber was Schönes an. »Ja, kannst du haben.« Ich weiß ja auch nicht, aus welchen Gründen sie im Puff war, also auf jeden Fall ist sie wunderbar. Sie ist ausgestiegen, hat das Kind, wunderbar. Die Pappmöbel waren in dem Fall ja auch wunderbar.

Da muß ich noch etwas dazu sagen, als zum Beispiel jetzt von einer Kollegin ein Buch erschienen ist. Die hat einen guten Job, die hat eine Lehre hinter sich, die hat eine tolle normale Familie hinter sich. Ich verstehe nicht, warum eine Frau mit einer guten Ausbildung aus Sensationslust und Neugier in den Puff geht. Und da hab ich wenig Verständnis dafür. Zu mir hat mal eine Kollegin gesagt: »Ich komme sogar aus einer Arzt-Familie.« Daraufhin habe ich zu der gesagt: »Um so schlimmer!« Es gibt ja Leute, die die Chance hatten, um zu lernen und einen anderen Weg einzuschlagen, die wollen nur mit dem Arsch wackeln und finden das Milieu interessant. Dann gibt's noch die andere Kategorie, die da reingerät, aus schlechten sozialen Verhältnissen, die auch dadurch niemals erwachsen geworden sind oder eben auch niemals eine echte Chance im Leben hatten, für die hab ich natürlich viel mehr Verständnis als für die anderen, die mit dem Arsch wackeln wollen.
Diesen Freierhaß, den viele Frauen im Milieu haben, den begreif ich auch nicht, da stimmt doch hinten und vorne was nicht, sie hätten doch an ihrem Bankschalter bleiben und Zettel ausfüllen können. Also, das begreift man nicht. Da stimmt was nicht.
Daß sie mich angesprochen hat, auf den Freierhaß, da haben sie mir vorgeworfen, daß ich den nicht habe. Das ärgert mich maßlos, ich kann doch nicht Haß entwickeln, wo ich keinen habe. Dann kann ich doch einen andern Job machen, das war mir selbst freigestellt. Ich arbeite doch nicht jeden Tag gegen mich selbst.

Nur für Geld. Nein, so wichtig ist mir Geld auch wieder nicht.

26 Auf dem Weg zur Arbeit

»An mir liegt es,
ob und wie ich durchhalte.«

Ich fing an, in die Medien zu gehen, um den Berufsstand einfach offen zu machen, eben weil ich gedacht habe, Mensch, wenn wir alle im Getto leben, dann kommen wir ja nie raus. Ich bin auch damals zur Polizei und habe gesagt: »Wenn Sie uns nicht helfen, wissen Sie, die Zuhälter fallen uns an, also wo sollen wir denn hin?« Und dann habe ich angefangen, eigentlich mehr so uns vorzustellen und zu öffnen, und dann haben nachher die Studierten mir den Vorwurf gemacht, ich wäre immer nur allein in den Medien, und ich wollte nur was für mich. Da habe ich dann gesagt, ja, wenn kein anderer will, und ich habe auch gemerkt, daß viele Kolleginnen nicht konnten, weil in der Gesellschaft eben Huren immer noch nicht so anerkannt waren. Die wohnten dann solide irgendwo oder hatten Kinder, wollten es ihren Familien nicht sagen. Das dauert eben Jahre. Nachher sind die Studierten selber ins Milieu gegangen, zum Beispiel eine, die mehrere Bücher gemacht hat, die Elfi. Die hat auch ein Buch gemacht und rief mich weinend an: »Die Frauen wollen mich verprügeln, die haben mir Wasser über den Kopf geschüttet und lassen mich nicht mehr arbeiten.« Sag ich: »Siehst du mal, wie schön das ist, wenn man dafür kämpft.« Sehen die Studierten mal selber, wie das ist. Nicht nur immer reden, mit Worten. Im Milieu sein und was tun, das ist die Schwierigkeit. Aufschreiben können wir auch. Ich fand das damals unverschämt. So richtig aggressiv, wieso

immer ich und nicht die anderen. Dabei habe ich doch genug mitgemacht. Aber da haben sie dann selber schön einen draufgekriegt.
Wie bei dem Hurenball, das war doch auch furchtbar. Die Hydra mit den ausgeschnittenen Kleidern, haben die Röcke hochgerissen. Also wirklich. Zweitausend Freier, zehn Huren. Und die Huren sollten noch selber hundertfünfzig Mark Eintritt bezahlen. Auch noch dafür, daß sie begafft werden. Nur daß die Hydra-Frauen, die studierten Frau-Doktor-Frauen, sich da wohl gefühlt haben, mit ihren Kleidern, hochgerissen und ausgeschnitten. Das war auch abartig, ehrlich. Das war ein Hurenball! Zehn Huren und zweitausend Freier! Und zehn Huren auf der Bühne. Studierte. Die haben sich richtig wohlgefühlt. So hart können wir das wohl nicht wiedergeben. Die arme Hydra. Lassen wir sie mal grüßen jetzt, weil sie danach alles gecheckt haben. Ich sage, wir sollen hundertfünfzig Mark Eintritt bezahlen und uns begaffen lassen? Das können wir einfacher haben. Dann können wir direkt im Puff bleiben. Ich bin umsonst reingekommen, weil BILD DER FRAU für mich bezahlt hat, die anderen nicht. Die waren empört genug, die anderen neun.

Ich bin in Wien nach einer Talkshow. Geh in mein Hotel. Frage an der Rezeption: »Wo ist das Theater?« Guck ich mir das Theater an und denk, hier bist du verkehrt. Ich bin im falschen Theater, hab ich sofort gewußt. Der Mann geht erst zur Rezeption, zeigt, wo das Theater ist, eine Stunde später. Geh ins Zimmer …

nur 'ne halbe Gardine schon mal. Aber unten Theater, oben war nur mal 'ne halbe Gardine. Ich konnt überhaupt nicht schlafen, ich war nämlich sehr erregt in Wien. Wollte mich 'ne Stunde hinlegen. Ich denk, um Gottes willen, halbe Gardine auch noch. Nachts nehme ich einen Mann mit. Klopft der die ganze Nacht, dieser Portier: »Rauskommen, rauskommen.« Mein Mann: »Ich bezahle das Zimmer noch mal und doppelt von mir aus, und lassen Sie mir meine Ruh'!« Nein, nein, nein, es ging ja hier um ... naja. Ich renn in die nächste Kneipe, stinkbesoffen, der Mann rennt weg, wahrscheinlich verheiratet, was weiß ich. Höheres Tier. Schnell aus dem Hotel raus. Ich renn in die nächste Kneipe, bin stinkevoll, und da setzt sich der nette Mann zu mir, der kennt mich von der Herbertstraße. Galerist. Nachher kommt er extra hergefahren, ich war stinkeblau. Er sagt: »Hören Sie mal, bei mir sind Sie an der falschen Stelle, gehen Sie mal nach hinten zu der Frau.« Ich schreie: »Wieso?« Die ist Feministin. Ich renne hin. Eva Deisen. Wußte ich aber da nicht. Ich sag: »Hören Sie mal, der Mann sagt, ich soll zu Ihnen kommen, Sie können mir helfen.« Also soundsoundso, und dann das Theater, und dann im übrigen die ganze Nacht an der Tür, der Mann hat das Zimmer verlassen, was ist denn hier in Wien los, kann man denn nicht zu zweit in einem Zimmer sein, das man bezahlt. Auch noch doppelt bezahlt. Eva Deisen ging mit, an die Rezeption: »Wieso kann denn die Frau hier nicht einen Herrn mitnehmen?« Ja, sagt der an der Rezeption, die wollte wohl nicht bezahlen. Ich sag: »Nee, nee, das

stimmt ja gar nicht. Der Mann wollte ja sogar doppelt bezahlen, der wollte nur seine Ruhe. Es geht ja hier nur um Ihre Moral.«
Anderntags dick in der Zeitung: Liebesdrama, Liebesverbot! Aber da haben sich die Wiener beömmelt. Und in der nächsten Nacht habe ich zwei mitgeschleppt. Hab aber Bescheid gesagt. Hab ich gesagt: »Wir gehen jetzt durch. Gestern nacht ist mir da was passiert. Woll'n wir mal probieren, zwei.« Den einen hab ich wieder weggeschickt, wollt ja nur gucken, ob es geht. Nichts mehr! Kein Ton. Wien!

Diese Verlogenheit von einigen Journalisten. Da hat der »Stern« das erste Mal im neuen Artikel die Aussage ja ziemlich reduziert. Das schlechte Gewissen, da könnte ich nicht damit leben, wie viele nach dem Bericht »Christiane F.« zum Bahnhof marschiert sind. Hier meine Daniela doch auch. Das ist direkt eine Aufforderung zum Tanz. Vor allem der Satz: Das ist alles nicht so schlimm, und man kann wieder rauskommen. Christiane F. ist ja heute noch süchtig.
Im »Stern« auch. Wenn ich im »Stern« war, das war nur dreimal, war das Schlimmste, was mir je passiert ist, tatsächlich, wie die alle besoffen waren, der halbe »Stern« ist ja besoffen, das muß man ja nun mal leider sagen. Ist mir auch egal. Wenn einer besoffen gut seine Arbeit macht, hätte ich gar nichts dagegen. Soweit kann man ja gehen. Immer wenn ich im »Stern«-Aufzug bin, gehen die ganzen Köpfe nach rechts oder links. Als wenn ich was an mir hätte, ich kann es nicht erklären, hin und

her, es ist mir im »Stern« jedesmal besonders aufgefallen. Und dann waren die alle besoffen und haben gesagt: »Domenica, trink einen mit.« Da habe ich gesagt: »Ich habe zwei Todesfälle.« Da haben die alle gelacht. Ich hab das Lachen noch im Rücken gehabt, und ich bin dann nur rausgegangen, unheimlich allein.
»Liebe ist eine einsame Sache«, von Wolli Köhler habe ich das Buch geschenkt gekriegt. Der hat mir viel geschenkt, der hat mir auch die schönen Wiener Bücher gegeben ... hab ich ihm aber abgekauft für fünfhundert Mark. Zwei hab ich, und eines hat der Vince Weber, der Musiker, der Erotomane.
Die alten erotischen Bücher, ich hab sie der Frau abgekauft, der Domina, hab sie bar bezahlt, und der St.-Pauli-Fotograf hat sie »geerbt«, komisch. Ich frag mich nur, wieso. Er will sie mir ja jetzt geben, er weiß schon, warum. Ich sage, ich hab sie bezahlt, und diese Domina, die sagt, ich wäre gegen sie ein Pi-Mädchen gewesen, und das stimmt sogar, so abgebrüht wie sie, war ich nun wirklich nie. Sie verspricht, mir alte erotische Literatur zu schenken, und ich geb ihr dafür zweitausend Mark, was kein Mensch gegeben hätte, sie gibt mir moderne neue Pornobücher, und ich quäl mich da stundenlang rum und hab dann keine Lust mehr und gehe, ohne was zu sagen, zahl die zweitausend Mark für 'ne alte Domina, die nichts mehr verdient hat, und er beerbt sie dann, dann frag ich mich nur, die verkohlen mich doch! In der Richtung war ich zu gutmütig.
Ich find das nicht gut von Vince Weber, der mein schönes altes Buch nicht rausrücken will, erotische

Stahlstiche. Ich habe es verliehen, ihm ausgeliehen. Wir müssen immer leihen. Er gibt mir meines wieder, kriegt er wieder das andere alte Buch. Nicht geschenkt, Leihgabe. Fotos auch Leihgabe. Er kam jedesmal und sagte, gib mir noch ein Foto, gib mir noch ein Foto.

Die eine Leihgabe kennt man ja, und wie die Geschichte ausgegangen ist. Das Bild. Bin ich ja mit dem Messer durchgeratscht. Meine Mutter hat gesagt, das Bild will sie auf ihrem Grab. Hab ich gesagt: »Horst, gib mir das Bild raus.« Ich sag: »Das war 'ne Leihgabe.« Das schöne Ölgemälde, Crazy Horst wollte nicht, da hab ich das mit dem Messer: tschtschtsch. Er hat geschrien: »Du zerstörst dich selber!« »Ja und«, sage ich, »bevor du es kriegst!« Ende. Und dann hat er sich an dem zerstükkelten Bild aufgegeilt und jedem Gast erzählt, ich wär irre geworden, jetzt hätte ich das Bild zerstückelt. Ich wär in Ochsenzoll in der Irrenanstalt. Und dann habe ich mir den Putzmann von Horst gegriffen, weil ich ja nicht in die Kneipe kam. Horst wußte genau, was ich wollte. Das zerstückelte Bild wollte ich. Da habe ich zum Putzmann, dem Heinerle, gesagt, ich sag, Heinerle, geh mal mit, hol mir das Bild raus, wenn du dort putzt. Das hat der Heinerle natürlich gemacht. Da war Crazy-Horst noch wütender, weil er sich jetzt nicht mehr an dem zerstückelten Bild aufgeilen konnte. Ich fand das gemein. Das hing ja nur noch in Fetzen runter. Nur weil er mir meine Leihgabe nicht rausrücken wollte. Und meine Mutter hatte gesagt, sie wollte es auf dem Grab haben, das Bild. Da habe ich es lieber zerstückelt,

bevor er damit noch weiter Geschäfte macht. Er hat mit mir genug Geschäfte gemacht, und meine Mutter hat ihn noch verflucht, weil er mir zum Geburtstag eine Flasche Baileys geschenkt hat, obwohl ich schon vor der Leberzirrhose stand, und da ist meine Mutter wütend geworden und hat gesagt: »Jetzt ist Schluß!« So was schenkt man einem nicht zum Geburtstag, wenn man kurz vor der Leberzirrhose steht. Wenn ich weiß, du hast Zucker, schenk ich dir auch keine Pralinen. So, und mir schenken sie laufend Pralinen. Ich find auch nicht gut, daß alle mich anpumpen, denn das geht auf Kosten der Mädchen, denen kann ich dann weniger geben, und die Schnorrer machen sich 'n Bunten, dick und stark und fett sind die.
Morgens in »Kitty's Bar« hatte ich fünfzig Schokoladen und fünfzig Orangensaft hinter mir. Kannst dir denken, wie ich in die Breite gegangen bin. Trocken ist man ja nie, wenn man Alkoholikerin ist. Ja, das ist das Schlimme. Ich saufe höchstens alle sechs Wochen, wenn's mir gutgeht, und nicht bei Streß.
Telefon: Ja, fünfundzwanzig Jahre alt ist sie jetzt auch schon. Nee, da muß sie jetzt mal wissen, was sie will und nicht will. Nein, so behindert ist sie auch nicht, daß sie jetzt nicht allein ... da kann man nichts machen, Gunther. Wenn sie anruft, werd ich ein nettes Gespräch mit ihr versuchen oder auch kein nettes, das weiß ich noch nicht, je nachdem, und mehr kann ich dann auch nicht tun! Guck mal, so wie ich das mit meinen beiden Kleinen im Moment mache. Und die Alte wollte immer recht haben, die Lisa. Mensch, bei mir fängt sie an, pingelig

zu werden. Ich sag: »Mach das erstmal bei dir, dann kannst es bei mir werden. Fang erst mal bei dir an, dann machst du vielleicht bei mir weiter.« Anders kann man da doch nicht reagieren. Die hat 'ne ganz kleine Schrift, mußt du 'ne Lupe haben. Und so kleinlich ist die auch. Und die hätte ja ihr Kind ... Ich sag, was hättest du dein Kind? Du warst doch selber noch nicht reif. Mit vierundzwanzig Jahren ... ich wollte auch immer ein Kind. Mit vierundzwanzig hab ich erst gespürt, daß ich rund war. Meine Schwester, jahrelang geweint, der erste Junge, den sie abgetrieben hat. Danach hat sie aber, bitteschön, noch zehnmal abgetrieben. Obwohl ich ihr das Angebot gemacht habe, komm doch hierher, wenn du schwanger bist. Zwillinge waren es. Das erste Mal war schlimm, aber die anderen, die waren dann nicht mehr schlimm. Ich weiß nicht, die kleine Lisa, die beiden vertragen sich. Sie haben auch Geld verbraten. Sie kamen gestern brav vom Kino, haben mir die Kinokarte gezeigt, also wirklich, das hat mich schon gefreut. Jetzt sind sie wieder unterwegs, haben aber heute nicht so viel Geld. Ich hab gesagt: »Ich kann euch nicht jeden Tag fünfzig Mark geben, das ist mir zuviel, woher soll ich das nehmen.« Ja, ich laß sie mal in Ruhe jetzt, die kleine Lisa wird ja nächste Woche auch viel weniger haben an Tabletten. Die hat geheiratet, so einen Farbigen, und dann mit dem Sozi ist das doch immer ein Problem, dem ganzen Müll dort. Die heiraten doch alle für Geld, diesen Unsinn überhaupt, das geht nachher alles nach hinten los. Das gibt doch nur Schwierigkeiten. Bei meiner Schwester doch auch.

Die Männer nehmen, was sie kriegen können. Die türkische Frau muß ja noch nett gewesen sein, aber die anderen wollten am liebsten Aidskranke, damit, wenn sie sterben, sie schön Witwer sind, also das find ich ja schon bißchen derbe. Die Barbara zum Beispiel wollte unbedingt heiraten, weil sie Geld braucht. Die belästigt mich doch laufend. Ich sag: »Barbara, ich kenn einen Gastwirt, der hat einen Angestellten, ich kann dir die Adresse von dem Lokal geben, mehr mach ich nicht. Ich will damit gar nichts zu tun haben.« Nachher heißt es, ich hab so was vermittelt. Ich bin da absolut dagegen, nur, wenn's nun mal so ist, weiß man nicht, was man machen soll.

Also, ich könnt mich jetzt nicht ruhig im Urlaub hinsetzen, das Chaos hier allein lassen und weg. So ein Typ war ich noch nie. Also, erledige ich erst mein Chaos und fahre dann. Also mitten im Chaos, das bringt's ja für keinen. Ich hätte keine ruhige Minute, wenn ich irgendwo in der Kur wäre.

27 Während der Dreharbeiten zu »Fernes Land Pa-Isch« von Rainer Simon

Ich mag die rote Farbe; mag Blumen riechen, alte Kirchenmusik; bin neugierig auf Menschen; liebe Kaninchen und Mandelbäumchen; Seide und Baumwolle oder eine einsame Insel. Die Sonne ist alles und freundlich; der Mond dunkel und geheimnisvoll; an Eis kann man so schön lecken; Feuer macht mir angst. Kinder sind schön. Erotische Bücher mag ich. Sinnlichkeit wünsche ich mir mehr in meinem Leben.

Mit dem Älterwerden habe ich keine Probleme, solange ich mit mir im Einklang bin. Man kann sich einsam verkriechen, oder man kann auch die Tür weit aufmachen und sagen: »Mensch, komm.«

Ich denke mit Ausdauer positiv. Ich lasse mich nicht kleinkriegen, das gönn ich schon den anderen nicht. Da kommt meine Ausdauer durch, weil ich den anderen nicht gönne, daß sie über mich lachen.

Ein Puff in der Herbertstraße

Als ich mit Hanne war, der hat mir ja die Luden vermittelt, für Geld. So wie manche Frauen, die einfach auch im Milieu keinen Luden ins Zimmer nehmen, so hat Hanne gesagt, das wären seine Freunde, nimm die, ich kassier das Geld und so. Was mir auch dann irgendwann mal ein schlechtes Gewissen gegeben hat, und da hab ich sie auch einfach nicht mehr genommen, die letzten Jahre.

Verbale Gemeinheiten waren immer viel schlimmer als Schläge. Es gibt noch viel Schlimmeres, Vertrauensmißbrauch und so, das macht mir sehr viel aus. Aber Schläge, nee. Irgendwie kann ich das nicht erklären, wie ich mich da schütze. Ich bin dann total geschützt, das tut mir auch nicht weh.

Da war der Tag, wo ich ihn dann entlarvt habe. Wo ich gewußt habe, daß er dann am Flughafen mit der anderen ... Da hab ich meine Tasche gepackt und bin in die Herbertstraße.

Und vorher war noch das Treten. Er hat mich zusammengetreten, der Hanne. Richtig reingetreten, immer rein. Im »Dornröschen«, da in dem Lokal. Das war nur, weil ich irgendwie wußte, daß er lügt an dem Morgen, und roch das. Wollte dann mit 'ner Flasche auf ihn zu, hätt ich gar nicht geschafft, und dann hat er mich zusammengetreten. Nach dem Treten bin ich sogar

noch zum Flughafen und hab gesehen, wie die zwei zusammen abflogen.
Das Zusammentreten kann ich eher noch verzeihen, als daß er mir Jahre später keinen Pfennig Geld gegeben hat, wo ich Geld gebraucht hätte für meine Schwester. Das Zusammentreten kann ich eher verzeihen. Aber daß er eine leerstehende Wohnung hat und ich mit meiner kranken Schwester in einer kleinen Wohnung nicht zurechtkam aufgrund dieser kleinen Verhältnisse. Ein kranker Mensch braucht seinen Raum, und meiner Schwester hätte ich im letzten Jahr ihres Lebens noch so einen Raum gegönnt. Und er kannte meine Schwester aus Frankfurt. Und er hatte eine leerstehende Wohnung und wollte von mir dafür noch Geld und nicht wenig, so an die zehntausend Mark, und das wollte ich ihm natürlich nicht geben, denn das war mein letztes Geld, was ich noch hatte, das brauchte ich für meine Mutter und meine Schwester, und das verzeihe ich ihm nicht. Weil er schon mindestens eine halbe Million von mir kassiert hatte. Ohne irgendeine Gegenleistung.
Aber zum Glück, danach ist der Günter Roge hier vom Kiez bei ihm eingezogen und hat drei Jahre keine Miete bezahlt. Das macht es nicht besser. Das ist so eine Rache des kleinen Mannes, von mir hätte er wenigstens noch die Miete gekriegt. Verzeih ich ihm nicht. Meine Schwester ist bei mir in der Wohnung zwar gestorben, hat aber keinen Raum gehabt für sich, was sie im letzten Jahr eventuell noch gern gehabt hätte. Aufgrund der engen Verhältnisse und des kleinen Raums ist es ja auch eben einmal dazu gekommen, daß ich meine kranke Schwe-

28 »Eine halbe Million ohne irgendeine Gegenleistung«

ster geschlagen habe. Weil ich eben mit der Situation, die Mutter am Sterben in Köln und hier … was ich mir natürlich nie verzeihe. Wobei natürlich die ganzen Luden und alle das total gegen mich ausgeschlachtet haben, weil ich ja wirklich immer gegen das Schlagen war. Vorher! Da hat die behauptet, ich hätte sie geschlagen, und schrie im Krankenhaus: »Schlag mich nicht«. Hab ich sie noch gefragt: »Wo hab ich dich geschlagen?« Da hat die so getan, als wenn ich das mit dem blauen Auge war. Und ist durch ganz St. Pauli gerannt und hat das gezeigt, das wissen alle. So hat die sich gegen mich aufgebaut, es war furchtbar. Es war wohl ein Kampf gegen mich, ihr Leben lang.

Die war dominanter als ich. So klein, wie die war. Von der Dominanz her war die stärker. Nur war sie nicht so intelligent wie ich. Darum hat sie das alles nicht verstanden. Hat sich natürlich zwanzig Jahre auch von dem Kerl schlagen lassen, mußte in der Bar anschaffen.

Ich kriegte den Puff angeboten. Da ging das Theater erst richtig los auf dem Kiez, denn diesen Puff mußten die Männer, die Nutella-Bande damals, verlassen. Ich wußte aber gar nicht richtig, was da hinten vonstatten ging und so, das war im Hinterhof. Ich saß immer vorne, wobei ich nachher hinten als »vorne« deklariert habe. Hinten dreißig Mark und das ganze Theater, oder »Kannst doch jetzt auch mal ohne Gummi machen, weil du hinten bist«. Also ich habe ja gedacht, die ersten paar Monate, ich trete ab. Aber ich habe doch gehofft, meine Familie würde zu mir kommen.

Ja, das habe ich gehofft, zwei Jahre lang, und ich habe

auch immer wieder angerufen und gesagt: »Anna komm, Anna komm.« Und meine Schwester hat bei mir geweint und gesagt: »Ich verdien hier nur zwanzig Mark und der Egon schlägt mich.« Und da hab ich gesagt: »Mein Gott, dann setz dich doch in den Zug, laß alles stehen und liegen und komm.« Sie war im Krankenhaus, ich habe sechs Wochen ins Krankenhaus jeden Tag von Hamburg nach Frankfurt eine Stunde telefoniert, mit ihr geredet. Da sagte sie: »Der kommt jetzt wieder besoffen und schlägt mich.« Ich sag: »Ja und, wo ist das Problem, setz dich in den Zug und komm her. Ich habe doch jetzt ein Geschäft.« Ich habe um dieses Geschäft tatsächlich nur gekämpft, für mich hätte ich niemals den Kampf so aufnehmen können, für mich allein konnt ich im übrigen immer am schlechtesten kämpfen in dem Sinne. Ich habe gehofft, daß meine Mutter vielleicht als Wirtschafterin, meine Schwester dann uns den Haushalt macht ... daß wir alle drei endlich mal zusammen sind. Und ich habe zwei Jahre gewartet und immer gebettelt: »Bitte komm doch, bitte komm doch.« Und da habe ich aus Verzweiflung dann tatsächlich mal, wieder bin ich rückfällig geworden, so eine Woche viele Tabletten genommen und wollte nicht mehr. Und dann kam meine Mutter. Aber sie kam nur, weil sie merkte, daß ich schlecht drauf war, nur ein paar Tage. Meine Schwester kam dann auch, da hatte ich den Puff gerade verkauft. Weil ich keine Lust hatte für mich allein. Ich hatte keine Lust, ein Geschäft für mich allein zu haben. Hab ich heute noch nicht. Und dann hatte ich gerade verkauft, steht meine Schwester vor mir, todsterbenskrank. Mit Leberzirrhose. So, und die war drei Monate bei mir, und dann waren schon die ersten Blutstürze da, und dann ging das zu Ende.

Ich hab doch das goldene Kreuz gekauft, damals vor zehn Jahren im Suff. Hab ich doch dem Pastor vor die Tür gelegt, und er sagt »ein Wunder«. Nach fünf Jahren wußte er, daß ich das Wunder war. Hat Doris ihm erzählt. Die ist im übrigen krank in St. Pauli. Die hat die Russen und die Polen. Da muß ich noch hin. Und jetzt kann ich die Leuchter vom Michel haben. Ich hab Leuchter, die sind so alt wie der Michel, die sind im Keller.

Die Seemänner sind sowieso alle toll. Ich hatte mal einen Seemann, der war Koch. Der eine Koch hat bei mir einen Koffer gelassen mit dreißig Mark, hat er von mir geliehen. Bevor der auf Fahrt ging, kam er angerannt, gibt mir meinen Koffer: »Wo sind die dreißig Mark?« Ich hab ihm noch Kastanien dazugegeben. Kastanien bringen Glück. Geld. Wo wir doch alle so abergläubisch sind. Und nun hatte ich Schneewittchen im Haus. Der nannte sich Schneewittchen, der Koch. Und dann hatte ich mal 'n Seemann, und der war im Persischen Golf und dann sagt er, wir waren im Persischen Golf und haben immer gesagt: »Hamburg, Bier und Domenica.« Und der eine kam an, der hat gut bezahlt, der eine Seemann! Der eine Seemann sagt zu mir: »Domenica, du kannst mir alles abnehmen, ich muß nur meiner Mutter ein neues Bett kaufen.« Das Bett hab ich ihm gelassen, sieben- oder achthundert Mark, aber ich fürchte, der hat das um die

Ecke gebracht. Ich bin nicht sicher, ob der noch ein Bett gekriegt hat. Wer weiß, wo der noch gelandet ist.
Die Anna, meine Mutter, war im Haus. Meine Mutter hat sich aufgeregt, wir haben früher immer gesagt, bist besoffen, weil ich gelacht habe. Ich fand das alles nicht so ernst. Bis das Gas kam. Anna sagt: »Jetzt ist aber Schluß hier.« Riesige Wohnung, ich sag: »Wo ist denn das Gas?« Dann habe ich es auch gerochen. Das Haus war sowieso wie ein Irrenhaus. Die Schlange los von der Tina, dann war eine Gummipuppe im Bett, haben sie die Polizei angerufen, ein Mord! Das war die 62! So ein Irrenhaus habe ich noch nie gesehen! Das war alles in der 62. Jetzt wohne ich ja 33, vielleicht ist das besser. Das ist eine Glückszahl. 33 ist eine Schnapszahl.

»Wenn der Postmann zweimal klingelt!«

Nach dem Orgasmus am Telefon, wo ich den Hörer aufgeknallt habe. Die Reporterin! »Erzählen Sie mir was über Orgasmus.« Ich konnte nicht mehr! Ja, das ist noch gar nicht so lange her. Ich war am Ende. Auch wieder so ein Tag. So ein Wahnsinnstag. »Petra«-Zeitschrift. Sag ich: »Mir ist der Orgasmus vergangen, bei der Sozialarbeit ist mir alles abgestorben.« Und im übrigen müßte ich mich da neu informieren, also mit anderen Worten, ich müßte eine neue Welle reinlassen, wo ich drei Filme gleichzeitig spiele. Im Moment die Rocky Horror Picture Show, die Sesamstraße und die Muppet-Show. Müssen wir ja zusammen spielen, alle drei. Habe ich gesagt: »Der Orgasmus ist mir vergangen. Hat sich alles erledigt.« Die »Petra«-Frau: »Ja, aber, wissen Sie, ich möchte doch ...« Ich: »Wieviel Geld gibt's denn dafür?« Sie: »Moment, ich frag einmal.« Ich höre taptaptap nach hinten. »Hundert Mark mit Quittung.« Sag ich: »Also wissen Sie, jetzt ist mir wirklich alles vergangen. Mit Quittung.« Sag ich: »Wissen Sie was, machen Sie 'ne Kleidersammlung für die Mädchen. Ich will nichts mit Quittung. Kennen Sie überhaupt einen spirituellen Orgasmus?« »Nein, was ist das denn?« »Hochinteressant«, sag ich. »Aber jetzt nicht, tschüß!« Mit Quittung! Da hab ich den letzten Rest von Orgasmus verloren. Jetzt krieg ich 'nen Kopforgasmus, aber was für einen! Spirituell. »Oh, hochinteressant«, hat sie gesagt. Sag ich: »Jetzt ist's genug.« Da ist ihr mal die Luft stehengeblieben.

29 »Orgasmus am Telefon«

Da hat der eine, der war … na ja, eine verkappte Tunte, die nicht dazu gestanden hat. Und ich mein, mir ist es egal, was er macht, nur, er soll bitte dazu stehen, was er ist. Da hat er über siebenundzwanzig Bekannte endlich meine Telefonnummer herausgefunden und wollte von mir wissen, ob ich im Studio auch zum Höhepunkt komme. Hab ich zu dem gesagt: »Ja wissen Sie, ich krieg regelmäßig einen richtigen Höhepunkt.« Und er meinte: »Ja … und ist das vor der Arbeit, während der Arbeit, nach der Arbeit?« Ich hab gesagt: »Nein, wenn ich die Vorauskasse nehme, dann kommt der Höhepunkt. Mehr Auskunft bekommen Sie von mir nicht, es sei denn, ich krieg Vorauskasse. Und ich warne Sie, ich will nur Bargeld haben. Und wenn wir schon dabei sind, ich will gebrauchte Scheine und nicht markierte.« Er meinte: »Ja, ich dachte … « Ich sage: »Denken können Sie auch, und glauben können Sie auch, aber nicht bei mir. Ich bin nicht die Heilsarmee.« Der wollte noch obendrauf wissen, ob ich auch Homosexuelle bei meiner Kundschaft habe.

Ich hatte mal zwei Homosexuelle, einen älteren Reichen und ein kleines Jüngelchen. Und die waren bei mir im Zimmer im Palais d'Amour. Da weiß ich nur noch, wie der Kleine was machen wollte mit mir, und der Alte wollte das aber nicht. Und der Kleine hat gesagt, er will aber unbedingt mit mir. Der Alte hat gesagt, ja dann will er dabeisein. So, ich sag, zwei Hunderter. Damals war das für mich viel, als ich angefangen hab im Palais. Und das weiß ich nur noch, weil der Kleine immer gesagt hat, wenn ich das mache, krieg ich aber auch die

Stiefel. Ich hab nur gedacht, ach der arme Kleine. Wie wird der stimuliert. Das war mir ja wirklich zu billig so was. Der arme Junge. Die Stiefel hätte das Schwein doch schon so rausrücken können, ohne daß der Junge noch auf mich gezwängt wird.

Sitz ich in der Herbertstraße, im Puff-Fenster, ahnungslos, Spätsommer, wenig los. Kommt da so' ne Horde angesoffener Bayern vorbei. Sieht mich. Einer sagt: »Hier sitzt die größte Sau Deutschlands!« Also das finde ich schon recht derb. Ich war so baff, daß ich nichts sagen konnte. Nur 'ne Kollegin, die neben mir saß, fragte: »Würdest du noch mal in die Medien gehn auf so'n Spruch hin?« Da dachte ich auch: nie wieder. Aber ich mache immer wieder dieselben Fehler. Meine Erfahrungen sind, daß aus allem Schlechten auch was Gutes kommt. Da glaube ich fest dran. Wenn ich hier was Schlimmes erlebe, drehe ich mich rum und such was Schönes. Manchmal klappt's.

Monika Köhler hat geheiratet und hat den Fotografen mit ins Bett genommen. Der mußte mit seiner Frau ins Bett. Und das hat der Günter zehn Jahre überall herumerzählt. Weil er nicht konnte, mußte der Fotograf. Ich weiß gar nicht, warum er dann heiratet. Kann man ja direkt den Fotograf heiraten. Ein Dreck überhaupt. Im Puff, wie viele sich verlobt haben! Die Nummer hab ich nie geschoben. Obwohl, ich fand die Nummer immer heiß. Verlobung im Puff, verstehst du, mit einem Seemann, Schmuck, also die Nummer konnte ich nicht schieben. Ich hab mich geekelt vor so was. Verlobung im Puff! Für mich war Verlobung noch was Heiliges.
In München hab ich damals angefangen mit einer alten Wirtschafterin, der alten Ilse. Die war auch Zockerin. Die hing immer auf der Rennbahn in Daglfing. Und die hat immer zu mir gesagt, die war von drüben irgendwie: »Domenica, ich hab angefangen für zwei Mark in Dresden.« Oh, hab ich einen Schock gekriegt. In Dresden?! Was war das denn für 'ne schreckliche Zeit. Zwei Mark in Dresden. Glaub mir, da hab ich mir gedacht, arme Ilse. Wenn jetzt der Osten, Polen, alles aufgeht ... was meinste, da kommen jetzt alle, strahlen wie'n Zwanni und sagen, ich hab gerade 'n Zwanni gekriegt. Wenn du das umrechnest auf die heutige Zeit, ist das wie zwei Mark in Dresden. Die Regierung, wenn sie denn mal kommen sollte, dann bitte mehr Geld dalassen. Und wenn jetzt die Ria uns schon in der Sex-Sauna tot umfällt, haben wir wieder einen Klienten weniger. Aber wir sind ja ausgestiegen. Wir wollen ja nicht rückfällig werden.

30 »Zwei Mark in Dresden«

Sie haben mir den Fotoapparat auch geklaut, den von Angelina. Polaroid, wo ich die Bilder alle gemacht habe.
Was ich immer schmutzig fand, wenn einer telefoniert mit dir und draufdrückt, hier. Das fand ich immer das Schmutzigste, was es gibt. Wir haben ja einen Bekannten, und dann hab ich noch eine Bekannte, die hat das aber zu ihrem Schutz gemacht. Für mich. Weil wir ja oft anonym in Haus 62 ... wenn unten eine Schlägerei war, und das ging aber wochenlang, und das Mädchen schrie immer um Hilfe, haben wir angerufen bei der Polizei und haben gesagt, hier ist was im Haus, wir wissen aber nicht, was, nur damit die gucken kommen. Und was passiert? Sie verhaften den Kerl. Am anderen Tag kommen die zwei per Ärmchen aus der Davidswache, beide, lachend, strahlend! Ich habe nie mehr angerufen. Wenn noch mal Hilfe nötig war und Geschrei, war natürlich Ende. Das war auch die 62. Dann, wie ich in meinem Bett einsam und verlassen bin, nach der Arbeit ist man fertig, und ich höre immer nur stöhn stöhn ... und alles, und denk, o Gott, was die da bringen, das bringst du ja nie, und denk, jetzt weiß ich auch, warum ich hier allein im Bett liege. Unten war noch 'ne Kneipe.
Und dann die zweite Nacht schon wieder das Drama. Ganz laut!
Jetzt ging ich da unten in die Kneipe, da sagt der eine Mann plötzlich, der Gast: »Hör mal, wenn das so weitergeht, mit dem da mit seinen Pornofilmen, dann schlag ich dem ins Genick ....« Und ich denk, o Gott, was bringt die denn hier stundenlang. Nein, jetzt ver-

steh ich auch, warum ich hier allein im Bett liege. Das ist der Unterschied. Die machen es so, und wir haben es erlebt. Wir sind fertig von dem, denn wenn du das hinter dir hast, dann ist dir sogar das Lachen vergangen.

Ich habe nicht geklaut. Ich bin an die Theke gegangen und habe gesagt: »Da unten im Keller liegt ein Bild, und das hat was mit mir zu tun. Weißt du nicht die Geschichte, wie die war?«

Der Künstler kam zu mir ans Fenster und hat gesagt, er hätte irgendwas für mich gemalt und das wäre im »La Paloma«. Da bin ich zum Immendorff und habe gesagt: »Du, der Künstler hat gesagt, ich soll mir das Bild angucken, er hätte irgendwas für mich gemalt, mit mir sollte das was zu tun haben.« Und dann hat er gesagt: »Ach, weiß ich doch nicht, ich habe im Keller die ganzen Bilder aufgestapelt.«

Da hab ich den angeguckt, wer stapelt im Keller schon Bilder?

Das hat mich furchtbar geärgert, dieser Satz. Auf jeden Fall, der Immendorff war weg, ich bin an die Theke gegangen zu irgendeinem Buffetier, der dort war, und habe gesagt: »Du, paß mal auf, der Immendorff hat gesagt, im Keller ist ein Bild, da ist irgendwas mit Domenica drauf, das sollst du mir geben.« Hat er mir natürlich auch brav gegeben, und komischerweise hat er auch genau das richtige gefunden. Dann hab ich das Bild im Puff aufgehängt. Dann kam der Thomas Levi, von der Galerie Levi, und sagt: »Was macht das Bild denn hier?« Ich sagte: »Ja immer noch besser als im

Keller. Und er sagte: »Ich hab sogar den Rahmen bezahlt!« Ich daraufhin: »Für die zehn Jahre Schnorrerei hier in der Herbertstraße, uns die Zeit klauen und saufen, ohne Tischgeld zu geben, da kannst du auch den Rahmen bezahlen.«

Francis war 70 Jahre und hat sich bei mir immer Lederklamotten angezogen, Stiefel und Korsettage. Hat Stunden gebraucht, um sich fertig zu machen mit Make-up, langen Fingernägeln und Schmuck. Leicht behindert war er auch, er humpelte. Der hat sich dann ins Fenster gesetzt und gekobert. Sklaven müssen nachher bei der Chefin ihr Geld abliefern. Ich sag: »Francis, geh ins Fenster, aber nicht unter siebzig Mark kobern. Hat er auch gemacht. Meine Frauen saßen da schon seit Stunden. Keine Mark. Der einzige, der verdiente, war Francis mit seinen siebzig Jahren. Ich sag: »Kannste mal sehen, wie's der alte Francis macht, und ihr habt noch nicht einmal Handgeld verdient.« Das heißt, ein alter Mann im Fummel schaffte an und meine Frauen um die Dreißig saßen auf dem Trockenen. Francis lieferte brav ab.

»Harte Männer haben mich beeindruckt.«

Am meisten haben mich harte Männer beeindruckt, aber keine Machos in dem Sinne. Männer, die ihre Gefühle versteckt haben, auch im Bordell. Da wollte ich die Gefühle wieder herausholen. Die haben mich am meisten beeindruckt. Geschäftsmänner, die ihre Gefühle verstecken wollten, das hat mich gereizt, sie wieder herauszuholen. Sie einfach wieder zu normalen Menschen zu machen. Also, den Anzug zu lockern, den Schlips zu lockern, damit sie sich endlich mal fallenlassen. Bei mir konnten sie sich wirklich fallenlassen, ich hab mich ja selber auch fallenlassen. Wenn ich Vertrauen hatte zu dem Gast, in dem Moment habe ich auch keine Barriere mehr gehabt. Ich hab mich natürlich besoffen mit dem und jeden Unsinn gemacht, und da war nicht unbedingt Sex dabei. Aber daß die wirklich gelacht haben, und einer hat sich mal aufs Bett fallen lassen und hat sich Bauch festgehalten und hat immer nur gerufen: »Hollywood, Hollywood, ich kann nicht mehr.« Ich hab dann natürlich auch Lügengeschichten aufgetischt, warum ich heute eventuell unpäßlich bin, oder mir geht's nicht gut, und da habe ich mir natürlich unheimlich was einfallen lassen. Und die haben genau gesehen und gehört, daß ich lüge, aber sie haben gelacht und gesagt, das verpackst du so schön. Mit anderen Worten, ich habe viele wieder zum Lachen gebracht. Den ganzen Frust aus dem Betrieb konnten sie bei mir vergessen.

Ich war eine fröhliche Anschafferin. Ich sang ja auch die

Treppe rauf und runter. Wenn ich einen Gast reinkriegte, der dick war, dann hab ich gesungen: »Ach, sag doch nicht immer wieder Dicker zu mir«, oder es kam einer, dann sang ich: »Du kannst nicht treu sein.« War mir aber dessen nicht bewußt. Hab mir dieses Lied nicht ausgesucht. Einfach so, was mir gerade einfiel, sang ich dann tepprauf, tepprunter. Natürlich muß das die Kolleginnen frustrieren. Die saßen frustriert da ... Gute Laune im Puff hat man nun mal leider nicht zu haben. Ich muß die damals so was von demoralisiert haben, ohne etwas zu merken.

31 »Viele wieder zum Lachen gebracht ...«

Zu mir sind ja viele prominente Leute gekommen.
Ich hab da so drauf reagiert, daß ich erst einen Schreck kriegte, dann aber gedacht hab, was machst du mit denen. Dann hab ich denen zum Beispiel Kleider angezogen und sie ins Fenster gesetzt. Und gesagt: »Kobert hier, ihr müßt hier mal kobern und das mal lernen und anschaffen für mich.« Das fanden die lustig. Also, Horst Janssen hatte am Fenster den meisten Aufruhr gehabt. Noch nicht mal die Gloria von Thurn und Taxis hatte mehr Aufsehen. Horst Janssen im Fenster war Spitze.
Der war nur im Anzug. Aber schlohweiß, und das offene Fenster. Da kamen auch noch Bekannte aus Blankenese, Jungens. Der hat die Fenster so wie ein Spielzeug benutzt. So als wenn er im Spielzeugladen wär. Das Fenster auf und gesagt: »Die Bachforelle ist wieder da« und lauter so einen Unsinn. Und dann wollte er noch den Jungens vor dem Fenster Geld schenken. Da bin ich eingeschritten. Sag ich: »Horst, jetzt ist Schluß, jetzt ist Ende. Du versaust uns die ganzen Freier, die kommen nie mehr und zahlen uns was. So geht's auch nicht.«
Der Tomi Ungerer, der war auch drei Monate da. Er kam in sehr depressiver Stimmung an. Hat schöne Zeichnungen gemacht, und natürlich hätte ich mir mehr Zeichnungen speziell von ihm gewünscht, weil ich ihn drei Monate umsonst aufgenommen hatte, aber egal. Ist im nachhinein auch egal. Hatte natürlich auch einen Krach mit ihm, weil ich ein Bild verkauft habe von ihm, wo er Frauen so Eisendinger in die Brüste gemacht hat, und das hat mir nicht gefallen, und da hab ich das Bild

verkauft, Ende, aus. Und da sagte er: »Meine Kunst verkaufen«, und dazu hab ich dann nur gesagt: »Wozu soll Kunst denn sonst da sein, wenn man pleite ist, daß man sie verkauft.« Da wußte er denn auch keine andere Antwort mehr. Deshalb möchte ich noch viele tolle Bilder haben, denn wenn ich mal alt und pleite bin ... bin natürlich im Moment permanent pleite. Oder ich mach eben eine Galerie auf und verkauf sie nicht und nehme Eintritt. Eine einmalige Summe, die hilft einem ja auch nicht weiter, nur im Moment. Der Horst Janssen hat mir ja eine kleine Zeichnung gemacht. Er hat Goldstücke im Puff verschenkt, nur mir keines. Da hab ich dann so ein bißchen traurig geguckt, weil ich so was Glitzerndes immer schon liebte, wollte auch ein Goldstück, und da hat er mir 'ne kleine Zeichnung gemacht und hat darauf geschrieben, die ist mehr wert als Gold. Die hab ich irgendwo versteckt, hab ich nicht gefunden, jetzt beim Auspacken. Aber er würde mir noch so eine machen. Ich soll ja anrufen. Könnte man mal hingehen und fragen, ob man mal kommen darf. Soll mir 'ne neue malen.

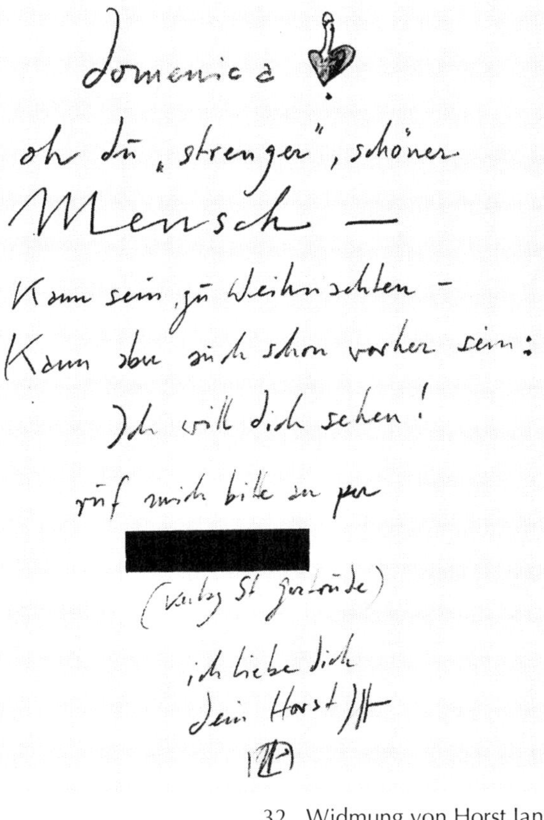

Domenica

oh du „strenger", schöner
Mensch —
-- Kann sein, zu Weihnachten –
Kann aber auch schon vorher sein:
Ich will dich sehen!

ruf mich bitte an per
[redacted]
(Verlag St Gertrude)

ich liebe dich
dein Horst JH

32 Widmung von Horst Janssen

Zum Beispiel eine Heirat! Wie oft ist mir ’ne reiche Heirat angeboten worden im Puff. Eine Reise nach Hawaii. Haben wir nein gesagt. Wir haben uns nicht verkauft. Das ist ja verkaufen, wenn du wirklich privat mit ihm wegfährst. Da bist du verkauft mit Leib und Seele. Wobei wir wirklich gnadenlos unsere Arbeit verkauft haben und gnadenlos unsere Zeit. Nicht uns. Das ist der große Unterschied zwischen den ganzen Hobby- und Privathuren.
Kommt einer in Puff und sagt: »Tausend Mark, wer geht mit?« Ein ganz hübscher junger Kerl mit Jeans. Alle haben gesagt: »Hau ab.« Ich war die einzige, die gesagt hat: »Hast du überhaupt die tausend?« Er guckte. »Ja«, sagte er, »tausend Mark, gehst du mit auf eine Party?« »Was für eine Party?« »Ein Ehepaar ist noch dabei.« Das war es, wo das Drama begann. Wir mußten uns ja abmelden, und das jede Stunde, und die Wirtschaft anrufen und jede Stunde sechzig Mark bezahlen. Also, wenn ich zehn Stunden weg war, kriegte der Puff allein sechshundert Mark. Ein ganz altes Auto. Eine Schrottkarre. Ich steig in das alte Auto ein und denk, was ist das denn. O Gott, und der soll tausend Mark haben. Ich hatte Vertrauen, irgendwie, ich weiß das auch nicht. Wir kommen in eine Wohnung, und er hat alles in Palmen. Dann nimmt er Palmenzweige und tut mir die ins Haar. Ich war aber schon so besoffen und sag: »Was tust du mir denn immer die grünen Blätter ins Haar? Tu mir die Blätter da raus!« Weiß sollte ich anziehen. Der wollte

’ne Jungfrau mit Palmenblättern. Das hab ich aber später erst von der raffinierten Manila erfahren, die war noch mal da. Manila ist aber nicht mitgefahren, da waren diese Wachsröschen, da mußte sie sich einen Kranz von machen. Und ich die Palmen. Ich riß mir immer im Suff die Blätter raus. Ich hab ja damals gar nicht geschaltet. Auf einmal sag ich: Die Zeit ist rum. Die tausend Mark hatte ich. »Ja«, sagte er, »du kannst dich jetzt entscheiden, soll ich mit Gold bezahlen oder Euroschecks.« Und die ganzen Euroschecks lagen schon zerrissen da. Gold, ’ne Bombe. »Ja«, sag ich, »was soll ich denn damit?« Ich war stinkeblau. »Ja«, sagte er, »wer Gold haben will, muß auch Gold aufmachen.« Da fliegen mir die ganzen Krügerrand entgegen. Ich hab gesagt: »Was ist das denn? Nee, gibt mir lieber Euroschecks.« Ich denk, oh, die sind gefälscht, die Goldmünzen. Gib mir lieber Euroschecks. »Nein«, sagt er, »da hab ich schon soviel Mist mit gemacht.« Und ich sah auch schon zerrissene, also nahm ich das Gold. Am anderen Morgen ins Schwimmbad, die Zuhälter mit dem Goldgewinn. »Ich hab Gold, ich hab Gold.« Alles verschenkt im Suff, alles weg.

Und die Geschichte von dem Freier, der in Blankenese wohnt. Das mit dem Sarg ist am schärfsten. Da rennt so ein alter Opa durch die Herbertstraße. Das wußten wir alle, der lockt einen nach Blankenese. Da müssen die Frauen sich in den Sarg legen. Aber jetzt kommt’s. Plötzlich klappt der den Deckel zu. Was meinst du, was du da für’n Schreck kriegst. Und das ist sein Orgasmus!

Der Typ sieht aus! Wie so eine geschnitzte Holzpuppe. Wie schon selber tot. Der gehört in den Sarg, nicht die Frauen. Immer wenn der kam, haben sie gesagt: »Das ist der mit dem Sarg, der klappt den Deckel zu.« Mich hat er ja Gott sei Dank nie angesprochen. Weiß ich nicht, warum. Ich habe einen anderen Sarg. Aber das Schärfste war, die eine, die mußte immer nach München fliegen, und da legt sich ein Mann in den Sarg. Sie kriegt fünftausend Mark dafür. Und dann muß sie den ganzen Tag: »Mein armer Mann, mein lieber Mann, mein armer Mann« sagen, muß immer weinend am Sarg stehen, stundenlang ... »Ach«, sag ich, »kannst du mir den nicht auch besorgen?« Der will das schon zu Lebzeiten haben, das »du armer Mann, du lieber Mann ...« Na ja, der denkt voraus. Der denkt, bevor das dann gar keiner tut, da will ich's jetzt wenigstens haben.

33 »So ein schrecklicher Titel ...«

Als der Kohlenträger dann kam. Der Vadim Glowna hat den Kohlenträger gespielt. Der Film sollte erst heißen: »Jeder stirbt sein Leben«. Sag ich, so ein schrecklicher Titel. Nachher hieß er »Desperado City«. Der ganze Film wurde Wirklichkeit. Was ich als Kind immer gespielt habe, wurde alles Wirklichkeit. Furchtbar für mich ... alles kam wieder hoch, »Des Kaisers Nachtigall«, jetzt mußte ich ja die verschwundene Nachtigall spielen. »Des Kaisers Nachtigall« war die Geschichte, wo Thurn und Taxis und alle kamen. »Ach, das ist ein Klo zum Scheißen und das ist ...« Das war dieselbe Situation, wie ich als Kind die »Nachtigall« spielte, und da ist eine Kuh, die muht.
Ich muß überall Dienstmädchen spielen und lachen. »Haha, das ist ja eine Kuh, haha, das ist ja ein Schwein.« Und dann auf einmal, die Nachtigall, steht sie schon wieder vor so einem Ochsen. Als Kind wollt ich immer sagen: Das ist ja ein Ochs. Und dann kam endlich die Nachtigall, und dann ging das wirklich los, das Lied. Tirilirli ins Bettchen geh' ich nie, tirlirili sing ich von spät bis früh. Das mußt ich alles spielen. Alles wurde Wirklichkeit.
Ich hab gesagt: »Ich quäle euch mal. Eines Tages werde ich stark, dann quäle ich euch.« Die haben die Sklavinnen gequält, die kleinen Mädchen, für fünfzig Mark! Tausend Mark haben sie einkassiert und haben zu denen gesagt, sie sollen sich nur die Titten quetschen, mehr brauchten sie nicht. Die Lou, natürlich nicht faul, hat der Malu die fünfzig Mark auf die Stirn geklatscht und gesagt: »Quetsch sie dir selbst.«

Die Dominas waren ja hoheitlich, saßen da auf ihrem Thron. Haben die jungen Sklavinnen kommandiert: holst mir nur eben das und das und das und haben sie gequält … Da bin ich gekommen, hab ich gesagt: »Das kriegt ihr von mir alle wieder, einzeln, wie ihr da sitzt. Ich hab die Stiefel im Kopf, ich zerre euch die Kronen runter!« Erhaben über junge Kolleginnen, das kleine Hannelörchen, hatte Cowboy-Stiefelettchen an, da kommt eine Domina: »Das ist verboten, Stiefel zu tragen in Haus 3.« Die blauen Cowboy-Stiefelettchen vergesse ich nie. Da guck ich die an, die Domina sagt: »Das sind Stiefel, was das Hannelörchen hier anhat.« Die ist zwischendurch zum Fischmarkt gerannt, hat einen Freier gemacht, um die Herbertstraße zahlen zu können! Das kleine Hannelörchen. Stiefel zu erbeuten. Kleine Cowboystiefel hätte sie an … Ich sag: »Schämst du dich denn gar nicht. Ich reiß dir die Krone vom Kopf. Das sind Stiefel, was das kleine Mädchen hier anhat?« Das Mädchen hatte gesagt: »Ich hab doch keine Schuhe.« Da hab ich ihr noch schwarz-weiße Schuhe gegeben, da ist die runtergerannt in den schwarz-weißen Schuhen, hab ich mich gefreut. So die kleinen Dinger zu quälen, die fiesen Weiber, die Dominas.

Als ich in die Herbertstraße kam, waren die Dominas alle so drauf. Die Herrin bedient sich. Das konnten sie ja mit den Freiern machen. Aber die jungen Dinger … Da ist sie ins Zimmer gestürmt, sagt: »Ich bin die Herrin« und hat die Kleine noch beraubt.

34 Domenica-Film: »Sie wollen nur die Titten quetschen«

Einer der Freier ging mir gegenüber zu einer Domina und wollte aufgehängt werden. Stand drauf. Und sie hatte auch so 'nen Flaschenzug. Die waren sich rasch handelseinig, sie hängte ihn an den Flaschenzug. Mußte dann mal kurz weg, und als sie wiederkam, hing er leblos am Strick. Tot. Leichenblaß kam sie zu mir, er hätte auch noch gelächelt, sagte sie. War 'n Taxifahrer, in seinem Auto lag ein Abschiedsbrief. Selbstmord. Ziemlich makaber, sucht sich dazu extra 'ne Domina aus. War groß in der Zeitung. Am nächsten Tag kommt ein Freier zu mir: »Kann man hier auch aufgehängt werden?« »Ja«, sag ich, »da drüben, für immer und ewig, aber laß mir meine Ruhe.«

Alle Dominas machen Schmutzarbeit. Ich behaupte, daß nur ein Prozent der Herrinnen oder Dominas menschlich in Ordnung sind. Ansonsten sind's wirklich richtige ... na ja, Punktpunktpunkt. Ich hab das wirklich hinter mir. Und ich wollte immer den Kleinen helfen, immer, und bin darum auf die Dominas so sauer. Ich zieh keine Stiefel an, aber ich hab sie im Kopf. Und ich quäle euch einzeln hier wieder, sag ich. Mich haben sie alle angegriffen, ich habe für alle gekämpft. Gerade die Dominas haben mich alle angegriffen.
Dabei bin ich doch gar nicht für mich gegangen, ich war doch eine gute Verdienerin, ich hab gedacht, für alle was zu tun. Und werde von denen so was von angegriffen ... niemals würden die was für andere tun. Jetzt machen sie's nicht für tausend, jetzt machen sie's für hundert, weil die Geschäfte so beschissen sind. Jetzt winken sie alleine: »Kann ich auch Reklame fahren.« Aber dann sollen sie auch das Elend hinter sich gebracht haben, was ich in bezug auf Presse hinter mir habe. Jetzt wollen die auch einen Namen haben in der Zeitung. Hoffentlich knipsen sie sie, wenn sie so dusselig sind. Denn Dominas machen das, was sie in der Zeitung machen, mit Berechnung. Ich hab es damals ohne Geld gemacht. Darum krieg ich das, was ich brauche oder möchte. Ich habe nicht gerechnet, im Gegenteil, ich hab mir gar nichts dabei gedacht. Ich habe das Elend gesehen und habe gedacht, da mußt du helfen. Und darum geht es bei mir gut. Und darum schreiben sie bei mir Namen und Adresse dazu. Ich mußte gegen alle Dominas angehen in bezug auf die kleinen Mädchen. Ich sag: »Wie kannst

du ein Mädchen so behandeln, nur weil es schwächer ist.«

Ich habe die Herbertstraße, diese Puffatmosphäre, gnadenlos genossen, mit gnadenlosen hundert Kolleginnen arbeiten, ob du in einem Schutzraum sitzt oder ob du offen sitzt, für alle bereit. Das ist ein so großer Unterschied.

Die Davidswache mußten wir mehrfach anrufen und um Hilfe bitten, weil wir die Schlüssel für die Handschellen nicht mehr wiederfanden und die Freier nach Hause mußten. War das ein Zirkus. Mit Handschellen wurden wir die Freier nicht los und mußten erst auf die Polizei warten.

»Mit anderen Worten: Ich habe viele wieder zum Lachen gebracht.«

Also, das war schlimm. Immer diese Vermittlungen über mich. »Können Sie mal vermitteln, haben Sie mal ...« Ich habe auch oft vermittelt, aber ich hatte oft gar nichts von der Vermittlung. Da hab ich auch gesagt: »Heute werden Frauen bezahlt bei den Medien, so richtig für Recherchen, und die verdienen viel Geld.« Und mir haben sie für die Recherchen nie was gegeben und niemals für die Vermittlung. Jetzt, wo ich solide bin, sag ich schon mal: »Geben Sie mir wenigstens was für Recherchen, und wenn's ein Hunderter ist. Ich kann doch nicht mit Ihnen die ganze Nacht rumlaufen und alles zeigen und so.« Ich habe dann auch viele Fernsehteams vermittelt. Einige haben ja nun auch bei mir gedreht. Hab allerdings immer gebeten, bitte nicht in die Fenster, um die Frauen zu schützen. Das haben sie fast immer gemacht. Ein paar anständige waren dabei, wo nichts passiert ist. Und die anderen, was ist passiert, die packen ihre Kameras ein, haben überall draufgehalten, verlassen die Straße, und das ganze Theater hatte ich dann auszubaden, und das fand ich schlimm. Das empfinde ich als Vertrauensmißbrauch. Ich finde, das ist eine Kraft, die ich hätte besser einsetzen können für was anderes.

Ich war eine gute Arbeiterin, war erfolgreich auf meinem Platz. Es gibt natürlich immer Konkurrenz im Puff. Wenn eine zwei hat oder fünf, und die andere hat noch keinen, kann ich das sogar nachempfinden. Ich bin mal aus der Herbertstraße raus. Da hat bei den Mädchen so ein Opa nach mir gefragt. Das Mädchen tritt den Opa in den Arsch, und ehrlich, ich hab das Mädchen verstanden. Weil das an dem Tag der Zehnte war, der nach mir gefragt hat, und sie hatte noch kein Handgeld. Muß ich ganz ehrlich sagen, ich bin ganz heimlich gegangen ... ich hab mich verdrückt; sonst hätte ich gesagt: »Du, tritt doch den Opa nicht.« Aber in dem Moment habe ich die Kleine sogar verstanden. Ich hab wirklich gedacht, wenn das jetzt der Zehnte ist, dann muß ja eine durchdrehen.

Du kannst dich ja wirklich auf das Getratsche der Leute verlassen. Mein erster Mann hat immer gesagt: »Domenica, du kannst hier gegen jeden was machen, nur nicht gegen schlechte Mäuler.« Genau das hat er immer gesagt. Und einmal war ich zum Beispiel in Urlaub in Spanien und war angeblich mit Horst Frank stinkbesoffen in der Herbertstraße. Willst du mir mal sagen, wie das gehen soll? Bin ich über Nacht in die Herbertstraße geflogen, um mit Horst Frank stinkbesoffen durch die Herbertstraße zu ziehen?

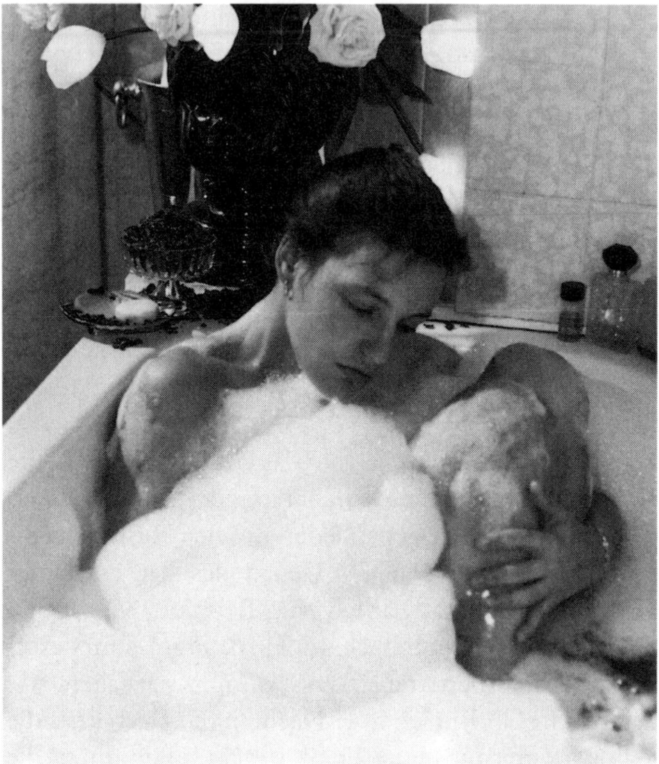

35 Domenica-Film: »Ich war eine gute Arbeiterin«

Meine Sehnsucht wäre eventuell mit einem Mann, zwei in einem, das ist meine heimliche Sehnsucht. Der könnte hundert Jahre alt sein, Hautfarbe ist auch egal. Hauptsache, die Chemie stimmt. Es gibt Siebzigjährige, die sind toll, geistreich und sexuell. Andere sind mit dreißig schon tot, ohne es zu wissen. Ich hatte immer meine unerfüllte Sehnsucht, daher auch mein Trinken. Aber dann, fünf vor zwölf, habe ich meine Mutterliebe bekommen, ich hatte ja keine Ahnung, vielleicht hätte ich vorher schon was verändert. Keine Ahnung. Ich habe es gerade noch geschafft. Kaputtmachen wollte ich mich eigentlich nie. Klar, der Selbstmordgedanke ist in mir drin, ich wußte aber genau, daß ich das nicht wollte. Nie. Vielleicht hatte mein Trinken etwas Zerstörerisches. Jedenfalls, als ich dann die Mutterliebe bekam, kurz vor dem Tod meiner Mutter. Sie ist ja noch heimlich zum Putzen gegangen, um ihre Perlenkette für mich aus der Klatsche, der Pfandleihe, zu holen. Aus Liebe. Da fühlte ich mich glücklich, so geliebt zu werden. Meine Todessehnsucht war plötzlich weg.

»Der Kampf mit diesem Mann, der hat mich stark gemacht.«

Kuno ist ein Kapitel, worüber ich überhaupt nicht reden kann. Versteh ich nicht, weil es so irreal war. War kein normales Leben, diese zehn Jahre, die waren verrückt. Ja. Kuno hat mich stark gemacht, der Mann. Dieser Kampf mit diesem Mann, den er auch mit mir hatte, hat mich stark gemacht. Ich war ja trotz allem ein Waisenhauskind, was ich erst viel später wußte, in dem Moment, wenn du so bist, wie du bist, dann weißt du ja gar nicht, wie du bist. Und das ist es. Ich war verstockt, ich war renitent, ich wollte nicht mehr gehorchen. Als ich aus dem Waisenhaus kam, hab ich gesagt, nie mehr werde ich mich von einem Menschen unterdrücken und einsperren lassen; ich wollte die totale Freiheit. Dann lernte ich diesen Mann kennen, der natürlich weit älter war, und der konnte mir die totale Freiheit nicht geben, weil er mich geliebt hat. Und da bin ich natürlich immer ausgebrochen. Der hätte mich am liebsten im Keller eingeschlossen, und der hat mir auch oft Tabletten gegeben, nur damit ich zu Hause bleibe, daß ich im Tran bleibe. Davon bin ich fest überzeugt. Seine Liebe war Schwäche, in dem Fall schon. Das war ein sehr stabiler, starker Mann. Ich denke schon, daß er an mir zerbrochen ist. Er hat auf mich geschossen, aber er hat mich nicht getroffen. Nein, der wollte mich nicht treffen, erst viel später ist mir das klargeworden. Ich dachte, bei sechs Schüssen hätte er treffen müssen. Wenn er gewollt hätte. Nein, der wollte mich damit abhärten für das, was er

36 »Der Kampf mit diesem Mann«

kommen sah, wenn er sich umbringt. Er wollte mich so schwach nicht allein lassen. Und darum hat er mich Jahre vorher schon trainiert auf das Leben. Er wußte genau, wo ich stand. Das hat er vorher schon gewußt. Er sagte: »Du landest sowieso im Puff.« Was mir an Kuno gefallen hat, er hatte ja selber zwei Bordelle, der hat immer zu den Frauen gehalten, und er war der einzige in Köln, der in seinen Läden den Zuhältern Hausverbot gegeben hat. Also, mit anderen Worten, die Zuhälter haben ihn natürlich ganz schön angefeindet. Wenn ich mit ihm über die Straße ging, ging das schon so weit, da wollten sie ihn in meinem Beisein zusammenschlagen, weil sie sowieso Wut hatten, weil das die einzigen zwei Häuser in der Brinkgasse waren, wo keine Zuhälter rein durften. Er hat immer sehr zu den Frauen gehalten, er sagte immer zu mir: »Domenica, da kommen so viele aus Heimen.« Und er hat auch oft zu mir gesagt: »Ich wünschte, du wärst älter, dann würdest du mich besser verstehen.« Der Altersunterschied war fünfundzwanzig Jahre. Ich war siebzehn, als ich ihn kennenlernte, und er über vierzig. Ich hab ihn aber nie als alten Mann empfunden, weil er ein unheimlich dynamischer starker Mann war. Der hat kein Gramm Fett auf dem Körper gehabt, der hat aber auch nie eine Stunde Sport gemacht. Der war ja im Zuchthaus Werl Küchenbulle gewesen, war athletisch, total athletisch, habe selten so eine schöne Figur gesehen ohne eine Minute Sport. Deshalb war er ein junger Mann. Auch sein Temperament, alles war jung.

37 Domenica-Film: Domenicas Mann Kuno
(Hans Michael Rehberg)

Die Herstatt-Pleite war furchtbar. Als wir uns kennenlernten, am ersten Tag, hat er zu mir gesagt, und das gibt mir im nachhinein auch ein bißchen Beruhigung: »Wenn ich kein Geld mehr hätte, würde ich mich erschießen.« Am allerersten Tag. Da habe ich damals gar nicht so darauf geachtet, hab gedacht, ja, das ist ein Grund. Und dann kam die Herstatt-Pleite nach zehn Jahren eben, und da weiß ich, daß er wochenlang nichts gegessen, viel getrunken und sehr viel mehr Tabletten als normal genommen hat. Sonst konnte er noch dosieren. Mir wollte er das nicht so recht eingestehen, ich wußte auch nicht genau, was los war. Nur, daß es ihm eben in diesen Wochen sehr schlecht ging, und dann flog er sogar nach Zürich. Ich weiß nicht, was da los war. So was hat er mir nicht anvertraut. Ich weiß nur, die Herstatt-Pleite hat ihn umgehauen. Und er hat sich erschossen, praktisch zwei Tage zu früh. Da hieß es dann plötzlich, es gibt kein Geld mehr zurück und dann, ich war ja in der Wohnung, als er sich erschossen hat. Und meine Mutter sogar auch, die war am Kochen, und er guckt mich seelenruhig an und sagt: »Weck mich, wenn das Essen fertig ist«, und meine Mutter und ich waren in der Küche beim Kochen, und in der Zeit hat er sich erschossen. Lag er tot da. Habe ich auf einen Blick gesehen. Ich bilde mir auch ein, daß er mir vorher drei Aufgaben gestellt hat. Das muß so gewesen sein. Der hat mich immer so lauernd und prüfend in den letzten paar Wochen angeguckt. Und die letzte Aufgabe war eben an dem Tag, als er sich erschossen hat, ich sollte zum Arzt gehen und ihm ein Bett im Krankenhaus besorgen, weil er schon mal dort gewesen war und sich Infusionen hat geben lassen, so kam er immer wieder auf die Beine. Tablettenabhängige kommen ja sonst in die Psychiatrie, und davor hatte er eine wahnsinnige Angst. Und seine Schwester hatte ihm eingeredet, ich wollte ihn in die Geschlossene tun. Und irgendwie war der schon so krank und depressiv, daß er das geglaubt hat. Am letzten Tag sagt er zu mir: »Geh zum Dr. Maxrath und sag, ich möchte in das Krankenhaus, wo ich schon mal war«, wo der Perser unter der Hand tausend Mark genommen und ihn dann aufgenommen hat, um ihm die Infusion zu geben. Und das habe ich natürlich gemacht und hab auch bei ihm angerufen: »Kuno, du kommst wieder in das Krankenhaus.« Und dann bin ich nach Hause. Ich glaube, das war die letzte, die dritte Aufgabe, daß er gemerkt hat, daß ich nichts davon hab, den Mann in die Geschlossene zu geben. Ist ja egal, wo er gesund wird.

Aber wie auch immer, Schwester und Bruder, das war schon eine sehr enge Verbindung, die die beiden miteinander hatten. Ich denke, daß das in jüdischen Familien sowieso oft fester ist, die Bindung. Die beiden anderen Prüfungen waren, daß ich die Schwester aus der Irrenanstalt rausgeholt habe. Und dann hat er mich noch mal geprüft, als ich in Brauweiler in der Nervenklinik war, in der Geschlossenen, da habe ich mich ja freiwillig gemeldet, um seine Schwester da rauszuholen, und da hat er zu mir gesagt: »Domenica, ich könnte jetzt einen Anwalt bestellen, der kostet aber zehntausend Mark. Und der würde dich rausholen, der Dr.

Peters.« Den hatte er damals. Und weil ich wußte, er hatte viel Geld verloren, habe ich ihn so angeguckt und gesagt: »Also Kuno, weißt du, das sind jetzt sinnlose zehntausend Mark. Die kannst du dir jetzt sparen. Ich komm auch so raus, ohne die zehntausend Mark.« Weil, das fand ich in dem Moment, es war Geldverschwendung. Ich glaub schon, daß ihn das irgendwo gefreut hat, daß ich so reagiert habe.

Seine Schwester rauszubringen aus der Klinik, das war ja das Ding. Ich kam die erste Nacht an, und dann die ganzen Läuse, die hatten ja alle Glatze und kamen ganz nah an mein Bett: »Zigaretten, Zigaretten.« Ich hab natürlich Zigaretten verschenkt, und so kam ich dann eben schon am zweiten Tag hinauf auf die andere Station, nicht in das Auffanglager. Ja, dann haben sie mir einen Wäschekorb in die Hand gegeben, Kartönchen machen. Da konnte man Kartönchen machen. Dann hat mir die Schwester gesagt: »Du mußt dich auf Außenarbeit melden, da kann man eventuell flitzen.« Und dann haben sie mir, ausgerechnet als Neue, den Wäschekorb in die Hand gegeben, ich sollte den überall hinbringen. Hab ich natürlich den Wäschekorb genommen, war die letzte in der Reihe, und wir gingen alle in die Fabrik, und ich mußte ja den Korb hinbringen. Also fiel das gar nicht auf. Ich steh allein mit seiner Schwester da. Und ich gucke sie an, und sie guckt mich an, und sie war ein bißchen ängstlich. Und da hab ich nur gesagt: »Lauf!« Da guckt sie mich noch mal so fragend an, und ich sag: »Lauf«, und ich hab den Korb rübergebracht und hab mich zu den Kartönchen gesetzt. Und nach

zwei Stunden fiel es auf, daß die Frau weg war, und da hab ich nur gesagt: »Nee, ich doch nicht!« Ich weiß noch, ich wollte genau vier Wochen wegen mir selber dableiben. Ich wollte mir beweisen, daß ich das durchhalte. Bin nach vier Wochen auch geflitzt, und wenn du draußen vor dem Tor bist, kannst du ja schreien, kann dich ja keiner mehr reinholen. Das war ja früher ein Arbeitshaus für Huren, dieses Brauweiler. Da mußten die Huren ja noch rote Kleider tragen. Das war nachher die Psychiatrie. Das war ein Segen. Ich hatte nur einen Pullover an, ich konnte flitzen, ich hatte mich zum Friseur gemeldet, und da war eine Frau Doktor eingeliefert worden, und alles schwirrte um Frau Doktor rum und paßte auf Frau Doktor auf, und das war eine Gelegenheit. »Frau Doktor, Frau Doktor«. Die wollte sich das Leben nehmen in der Zeit, als ihr Mann auf Südamerika-Reise war. Und somit kam die Frau Doktor in mein Zimmer und wollte auch zum Friseur, ich wollte auch zum Friseur. Alles schwirrte um Frau Doktor herum, auf mich hat überhaupt keiner mehr geachtet. Da bin ich geflitzt. Dann hab ich geklingelt zu Hause, da macht der Kuno die Tür auf, und er hat wirklich vor Freude geweint.
Zwei Seiten hatte der Mann. Der war ein Zwillingsmensch, aber ob das soviel damit zu tun hat, das kann ich nicht sagen. Der sah so vornehm aus. Manche haben gesagt: »Ist Ihr Mann Anwalt oder Arzt?« Dabei war das ein Puffbesitzer. Ich meine nur, wenn wir im Urlaub waren … Aber spätestens beim dritten Glas Wein schrie der: »Du Fotze« zu irgendeiner, da fielen denen aber

die Gläser aus der Hand. Und ich hab mich damals noch geschämt. Und dann, plötzlich erschießt sich dieser Mann. Ja, da war auch noch ein Liebhaber im Spiel. Bei mir. Aber mit dem hatte ich schon fünf Jahre vorher total abgeschlossen. Nur durch Zufall wieder getroffen. Emotional war da nichts mehr. Und das hat ihm seine Schwester noch erzählt vor dem Schuß. In diesem Käfig bin ich aufgewacht. Der Schuß hat mich wachgemacht, muß ich sagen. Ich wußte, ich bin jetzt allein, es kann keiner mehr auf mich aufpassen und es holt mich auch keiner mehr ab. Wenn ich Unsinn machte in Frankfurt und ich hab angerufen, hol mich ab, dann holte der mich ab. Wie auch immer, ich wußte, jetzt bin ich alleine, jetzt muß ich aufpassen, jetzt muß ich vernünftig werden. Das hat mich aber auch stark gemacht.

Der Gegensatz von Kuno zu Hanne ist ein großer. Kuno hat mich geliebt, und Hanne, denk ich, der hat mich eiskalt als Geldmaschine gesehen. Dazu gehören ja immer zwei. Nach Kuno dachte ich nicht, daß es so 'nen eiskalten Geldmenschen gibt.
Hanne war vom Alter her und so eine Vaterfigur. Er hatte auf dem Kiez was zu sagen. Ich dachte auch, bei dem bin ich ein bißchen beschützt und so. Das habe ich bewundert, weil er ja auch einen Namen hatte, das ist klar. Aber ich hab nicht gewußt, daß der so gnadenlos mich als Geldmaschine sieht. Ich habe in einem Kellerzimmer gelebt! Praktisch aus dem Koffer. Verliebt und doof. Nur eine Reisetasche. In der ganzen Zeit, wo ich mit Hanne zusammen war, mehr nicht. Nur das, womit

ich anschaffte. Ich habe nur gearbeitet, sogar sonntags und an Sylvester, und es gab für mich überhaupt keinen freien Tag in diesen dreieinhalb Jahren. Er hat nicht einmal gesagt: »Mach mal heute frei, wir gehen weg.« Ich war zu stur und zu stolz und dachte, das muß er von sich aus sagen. So war ich noch erzogen, und deshalb habe ich dreieinhalb Jahre gewartet. Das Ende war dann tatsächlich, als ich merkte, als ich definitiv genau wußte, daß er mit der ersten Frau nicht Schluß gemacht hatte. Daß wir immer zu dritt waren. Da war bei mir wirklich gnadenlos Ende. Da hab ich meine Tasche gepackt und bin vom Palais d'Amour in die Herbertstraße gegangen. Das muß man sich mal vorstellen, im Palais d'Amour, dort zu schlafen und zu arbeiten, pausenlos Tag und Nacht diese Musik von allen Seiten. Zur Ruhe kam ich nirgends. Als ich dann Schluß machte, kam er mit Rosen. Also, so 'ne Rosen wollt ich nicht.

In der Herbertstraße blieb ich fünfzehn Jahre, oder siebzehn. Also mit dem Palais d'Amour waren es ja zwanzig Jahre, wo ich angeschafft habe. In der Herbertstraße war es ja richtig ein Neuanfang, wunderbar. Da bin ich dorthin gekommen, und da hatte ich mein schönes kleines Kellerzimmerchen, das hab ich mir ganz gemütlich gemacht. Schöne Blumen gekauft. Und da hab ich mich wohl gefühlt, ja doch. Hab mich unheimlich viel mit Gästen befaßt, mit denen erzählt und so. Es war eine schöne Zeit. Vom dem Kellerzimmer aus konnte ich auf die Herbertstraße gucken, die Füße sehen. Auch immer alles mitkriegen, was draußen so ablief. Da gings mir relativ gut. Verdiente natürlich auch viel mehr Geld als im Palais d'Amour. Da haben sie mit dreißig Mark gebettelt. Und in der Herbertstraße konntest du fünfzig Mark sagen, da haben sie dir die Tür eingerannt. Das Geld habe ich behalten. Dann hatte ich genau dreizehntausend Mark auf dem Konto. Die ersten paar Wochen. Und dann kam Hanne, und da ging das los mit dem Ring. Manche Luden rufen auch nur so mit 'nem kessen Spruch »Was ist mit Ablöse?«, weil sie denken, daß die Frauen das sowieso nicht zahlen können und eben nicht frei werden können und so. Ich habe ihm dann den Ring gekauft für die dreizehntausend Mark und ab mit ihm: »Fick dich ins Knie!«

38 »So 'ne Rosen wollt ich nicht ...«

Ich sitz im Fenster in der Herbertstraße, bin genervt von den vielen dußligen Ansprachen und schrei einen der Freier an: »Hey, du Wichser!« Da sagt der zu mir: »Mach die Tür auf«, legt mir fünfhundert hin und geht mit mir hoch. Sag ich: »Was soll das denn?« Er: »Weil du so schön ›Hey, du Wichser‹ gesagt hast.« Woanders kriegste 'ne Anzeige, im Puff kriegste noch Geld dafür, ist doch auch nicht übel.

»Freundschaften? Ja schon, aber keine bleibenden.«

Die anderen waren natürlich immer furchtbar neidisch. Also, ich hab mich gefreut. Das tollste Bild war ja mal wirklich, also fünfzig gehen durch die Herbertstraße, angeführt von Johannes von Thurn und Taxis, Enno von Preußen und Hohenzollern und Bismarck und Flick und ... nein, diese Schlange Menschen! Ich war ja selber geschockt.
Und in meinem kleinen Püffchen, in meiner kleinen Kamellenbude, auf deutsch gesagt, dann so was von geballter Ladung Hochadel. Ja, was war das denn? Das war merkwürdig. Ich hatte noch Schulden zu den Zeiten. Gerade den Puff angefangen. Wir konnten gar nicht soviel Champagner kaufen. Die paßten ja auch alle gar nicht in den Puff rein, die Leute. Da haben wir uns dann getrennt. Eine Gruppe ist ins »Pulverfaß« und die andere Gruppe auf die »Große Freiheit«. Ich bin mit auf die »Große Freiheit«. Die andere Gruppe war ganz sauer, daß wir woanders hingegangen sind. Schade, ich hätte das besser ausschlachten können, damals, wenn ich den richtigen Raum gehabt hätte. Einen Salon eben schon. Mein Salon war zweimal drei Meter groß. Ja, wo sollen denn da fünfzig Von und Zu Platz haben? Da mußte ich ja schon aus Platzmangel einige ins Fenster stellen. Ich muß dazu sagen, die Gloria saß da im Kostümchen mit weißen Handschuhen, hat da nur mal das Fenster aufgemacht, na ja aus Spaß. Fand sie auch sehr niedlich. Sie hat dann zu mir auch gesagt: »Domenica, ich schick dir

ganz viele nette Gäste.« Hat sie auch gemacht. Kamen Gäste aus Amerika, die haben gesagt, sie kommen von Gloria. Fand ich auch nett. Gloria war mir sehr sympathisch. Sehr ehrlich, sehr direkt. Ich meine, daß man einfach, wenn man aus München oder aus einer anderen Stadt kommt, neugierig ist ... selbst die Amerikaner waren neugierig auf die Herbertstraße.
So wie jetzt die Reiseleiter, die ganzen Reisegruppen. Der Reiseleiter, der immer die Gruppe von Japanern vor mein Fenster gelotst hat. Also die kicherten dann und guckten ungläubig. Der erzählte denen was, was auch immer. Ich hab das ja nie verstanden. Und dann kicherten die, und zum Schluß verneigten sie sich. Fuji. Japaner, so zierlich wie die sind. Ich weiß nicht, was der Reiseleiter denen immer erzählt hat. Nachher habe ich dem das verboten, ich sag, jetzt hör mal langsam auf, mir immer irgendwelche Gruppen vor mein Fenster zu führen. Das ist eben alles Zeitverlust, Kraftverlust. Gut, es war manchmal niedlich, wenn die kicherten und dann alle so ungläubig guckten. Aber die Schlimmsten waren die Engländer. Ich habe mich eine Woche verstecken müssen. Ich konnte eine Woche nicht arbeiten, solange die da waren. Tausende von Engländern. »I have seen you, I have seen you.« Ich denk, die können doch nicht alle Fernsehen geguckt haben, und sagte zu einem: »Ja hör mal, wieso ... ›I have seen you ...‹?« Da haben sie gesagt: »Wir hatten doch die Kassette an Bord.« Nein, war das schlimm! Und das hat mir die Davidswache vermittelt. Dieses englische Kriegsschiff. Die haben gesagt, für England, weil das dort verboten ist und illegal,

39 »Domenica, ich schick dir Gäste«

die Prostitution. Natürlich war ich bereit, direkt ein Interview zu geben, weil es verboten war. Das lag schon wieder in meiner Waisenhausnatur, daß ich tat, was verboten war. Verbotenes ist besonders schön. Es passiert im Verbotenen, im Untergrund viel mehr als im Erlaubten.

Ich würde sagen, genauso wie ich wirklich nicht dafür bin, daß eine Frau Hure wird. Es gibt so viele davon, überall auf der ganzen Welt. In anderer Form. Ich hätte mir wirklich lieber einen schöneren Beruf, ein anderes Leben gewünscht als diese Härte. Es ist die Härte, mit Männern zu arbeiten. Man muß wirklich stark sein. Aber dieses Verbotene, das bringt uns auch nicht weiter. Das führt sogar so weit, daß es heute Menschenhandel gibt.

Das hab ich damals auch gesagt im englischen Fernsehen, eben auf dieser Kassette. Und dann konnte ich eine Woche keinen anderen Freier nehmen. Die Michaela, die kann man fragen, die saß zu den damaligen Zeiten im Fenster; ich hab schon vor lauter Frust denen die Männer vermittelt. Das war ja auch mein schlechtes Gewissen den anderen Frauen gegenüber. Daß ich meine Gäste denen abgegeben und gesagt habe: »Da, nimm doch den jetzt. Ist mir egal.« Und ich hab zu ihm gesagt: »Ach, das ist 'ne nette Kollegin, geh heute mit ihr.« Schon aus dem Grunde mußte ich meine ganzen Gäste oft abgeben. Nur um nicht noch mehr Terror auf mich zu laden. Das war auch mein Verlust eben. Aber ich hab auch vorher schon immer geteilt, wenn eine kein Handgeld hatte. Aber nachher wurd's auch extremer, so daß ich oft gedacht habe, o Gott, nimm die dazu ins Zimmer. Da hat mir ein Gast mal gesagt: »Domenica, ich möchte mit dir auch mal allein sein.« Hab denen immer eingeredet, das wär schöner zu dritt. Nur weil die eine kein Handgeld hatte.

Briefe, Gedichte, Zeichnungen.
Jeden Tag.
Fordernde, unverschämte, zärtliche, aus jeder Richtung an den »Sex-Star«, an den »Sex-Filmstar«, an die »mit den Wunderbrüsten«,
manche der »Anhimmelungen« ohne Rückporto:
»Sah denn der Dichter Deine Tränen nicht … Domenica,
Dein Traumgesicht, ging er einfach dran vorüber?
Was Dichter jemals aufgeschrieben
Über Schönheit, Leidenschaft und Schmerzen.
Alles, was wir Männer lieben,
findet man in Deinem Herzen …«

Na ja, manchmal hab ich das Gefühl, ein riesiger Möbelwagen zu sein – wo alles reinpaßt. Ein Ritter von P., ein Major aus München, schreibt von meinen »unerhörten vollen Brüsten«, die er, »umwerfend« findet und möchte davon ein »handsigniertes Foto, farbig, Postkartengröße.« Dafür ist er bereit, mir nach Erhalt »einen Betrag von DM 50,-- zu übersenden« und verbleibt »mit einem ganz geilen Kuß« auf meine besagten »herrlichen« und »einem Handkuß«. Den Brief habe ich behalten, ein Foto nicht abgeschickt. Mich macht so was verlegen, alle wollen meine Brüste, keiner hat nach meinem Gesicht gefragt ...

Mit Briefen geh ich schrecklich um. Ich schätze keine Briefe, ich lese gerne jeden Brief, aber Antwort erwartet bitte nie. Beantworten auf keinen Fall. Ich freue mich natürlich, jeder freut sich, wenn er angenehme Post kriegt. Ich bin sehr nachlässig mit Post. Obwohl man mir ja auch schon vor zwanzig Jahren gesagt hat: Mensch, Domenica, eine richtige Kurtisane, die hat einen Sekretär und dann schreibt die noch mit der Feder Liebesbriefe und beantwortet sie. Was man so im Fernsehen über Literaturdamen hört, aber das ist 19. Jahrhundert! Soviel Zeit hat heute keiner mehr.
Ich weiß nicht, warum ich mit Briefen so schlecht umgehe. Weiß ich nicht. Ich habe lieber den direkten Kontakt. Aber so ein Brief ... Das ist ja wieder so eine Ausweichsache. Viele sagen, sie schreiben sich frei, ich rede mich frei. Darum gehe ich vielleicht auch so schlecht mit Briefen um. Kann das sein? Man kann nicht

40 »Mit Briefen geh ich schrecklich um«

auf jeden Brief antworten. Ich bin auch kein guter Schreiber und schreibe auch ungern. Das gilt für die Vergangenheit und auch für die Zukunft. Auf eine Antwort von mir darf man nicht warten.
Mit dem Wort Treue gehe ich ja auch ganz anders um. Ich bin eine Seelentreue. Treue hat mit dem Unterleib natürlich überhaupt nichts zu tun. Nicht das geringste. Ich habe ja auch damals bei Lea Rosh im Fernsehen gesagt, Treue ist eine Sache des Herzens und nicht des Unterleibs. Hat sie mir den Rücken zugedreht, so kleinkariert, wie sie war. In dem Moment – so was von engherzig hätte ich nie vermutet. Dreht mir den Rücken zu und redet während der ganzen Talk-Runde kein Wort mehr mit mir. Ich bin immer noch der Meinung, bleibe auch bei dem Satz, wobei ich Menschen bewundere, die sich fünfzig Jahre lang treu sein können. Auch unterleibsmäßig. Aber ich denke, daß manche Menschen eben nicht soviel brauchen wie andere Menschen. Ich brauche viele Impulse, mein Leben lang schon. Aber ich kenne andere Arten von Treue, wenn ich vor zwanzig Jahren einen kennengelernt habe und er begegnet mir heute, freue ich mich, frage, wie es ihm geht und so.
Aber die soziale Treue ist natürlich auch für jeden von uns viel wichtiger als gerade die sexuelle Treue. Ich schätze zum Beispiel die soziale Treue, wenn ein Ehepaar mehrere Kinder hat und sich aus diesem Grunde treu bleibt, das schätze ich viel mehr. Auch die finanzielle Treue. Daß der Mann die Frau nicht verläßt, die Kinder sitzenläßt und mit einer anderen da heidewitzka

macht. Also, ich denke, die soziale Treue, daß die sehr wichtig ist in unserer Gesellschaft. Und ich sag doch immer, ist doch keine Seife, nützt sich doch nicht ab. Um das bißchen machen die ein Theater! Und das ist ja wirklich immer noch von der Kirche geprägt. Und ich finde es wunderschön, wenn sich zwei treu sind, sexuell und in jeder Beziehung, aber wenn es nicht so ist, dann ist die soziale Treue in unserer Gesellschaft zehnmal wichtiger.

Ich bin niemals gnadenlos mit Menschen umgegangen. Ich kann diesen Haß auf Freier überhaupt nicht nachempfinden. Also, ich muß doch keinen Freier nehmen, ich muß nicht anschaffen. Wir sind nicht so wie in einem anderen Land, wo wir aus Not anschaffen, in dem Sinne. Nur die Drogenabhängigen, die ich jetzt betreue, wegen ihrer Krankheit, aus ihrer Sucht heraus, aber eine Hure, die nicht auf Drogen ist, die muß nicht aus Not oder aus irgendeinem Grund anschaffen. Also, ich muß doch keinen Freier nehmen, ich kann auch putzen gehen. Meine Freier, muß ich sagen, die waren nett, die waren lieb, und ich hab auch im Geschäft nur das tun müssen, was ich zu Hause auch tue. Zum Beispiel Nadelsex: Hab ich von Anfang bis Ende abgelehnt. Hab ich auch nie gemacht.

Ich habe diese Männer nicht hassen können, die zu mir kamen. Die anderen, die jetzt zu Drogenabhängigen gehen, das sind ja keine Freier, das sind Kriminelle. Die hasse ich, diese Schweine, daß sie sich ein Opfer aussuchen. Der Mann, der zu mir kam, hat sich ja kein Opfer gesucht, der hat sich eine erwachsene starke Frau ge-

sucht. Sonst wäre er nicht zu mir gekommen. Genauso ist das. Aber die Männer, die zu den kleinen, armen, süchtigen Dingern gehen, das ist grausam, das ist unmenschlich.
Die nützen die Notlage aus. Das sind doch Kriminelle, die wollen gar nicht bezahlen, die wollen gar keine Freier sein, teilweise. Die wollen nur ein süchtiges Mädchen im Auto haben, sie weit rausfahren am liebsten, rausschmeißen, mit dem Messer bedrohen usw. Also, was da los ist, das ist furchtbar. Bei mir gab es so was nicht. Zu mir hätte sich so was natürlich auch nicht verlaufen. Bei mir hätte so einer vorher 'ne Abreibung gekriegt.
Wenn ich Putzen hassen würde, würde ich niemals Putzfrau werden. Dann putz ich immer schlecht, dann werd ich den Feudel nur mal so dreimal rumwischen; wenn ich Kochen hasse, werde ich keine Köchin, und wenn ich Männer hasse, werde ich keine Hure. So einfach ist das. Eine andere Aussage habe ich dazu nicht. Natürlich, wenn Freche dabei waren oder Widerlinge, die sind entweder von mir widerlich behandelt worden oder rausgeflogen. Eines von beiden. Oder ich hab sie erst gar nicht mitgenommen, wenn die mir am Fenster schon komisch kamen. Am Fenster war das ja ein Taxierberuf, den ich hatte, da konnte ich schon abtaxieren, was da für einer vor mir steht. Natürlich konnt man im Zimmer immer noch um Hilfe rufen oder die Klingel drücken oder sagen: »Hier hast du dein Geld zurück, raus.« Wie ich das gemacht habe.

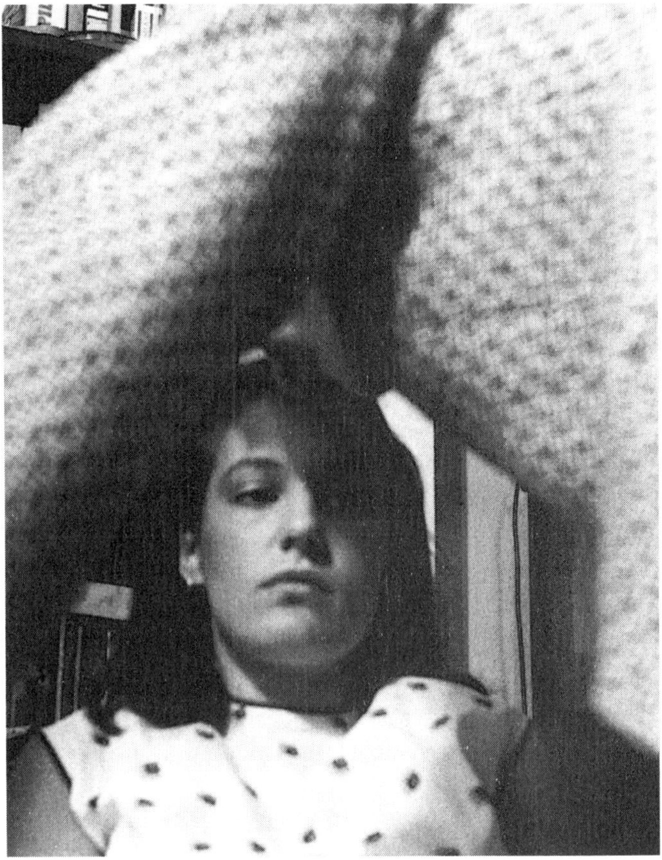

41 Domenica-Film: Domenica (Nicolette Krebitz)

Also, jede Hure kauft sich, wenn sie neu anfängt, auch ein schönes Handtuch. Die Handtücher werden dann im Laufe der Jahre immer billiger. Die Handtücher werden genauso verschlissen und alt wie die Frauen. Aber das erste Handtuch, meistens hab ich das immer bei Kolleginnen erlebt, ist ein teures, wunderschönes. Was man so aufs Bett legt, wo man dann den Freier drauflegt. Oder wo der sich draufzulegen hat. Na ja, ich hab dir über die erste Nacht schon erzählt, wo wir alle verhaftet worden sind. Das war meine erste Nacht in München, im Puff. Da ging es um Getränkezwang. Also hin und her, das erste Handtuch hatte ich mir gekauft, weil ich im Sternzeichen Löwe bin, wunderschönen Löwenkopf und darunter steht Jean Cocteau.

Es bleibt dir komischerweise nichts. Es bleibt dir wirklich nichts. Nur die Erfahrung. Wenn die was taugt, dann bleibt dir was. Aber ansonsten, Wertsachen und so, entweder es wird dir geklaut oder du verlierst es, oder du mußt es verkaufen. Merkwürdigerweise bleibt meistens unterm Strich nichts. Aber viel Erfahrung. Der Löwenkopf, Jean Cocteau, ich komme mit einem Freier rein, der sieht das Handtuch und sagt, 'ne Frau mit Niveau fickt auf Jean Cocteau. Natürlich hat mir der Spruch unheimlich gefallen damals. Das hat mir mehr gefallen, als wenn er ein dickes Portemonnaie gehabt hätte. Irgendwie, mit Menschen, die dann so witzig waren, habe ich mich auch länger unterhalten und viel mehr Zeit investiert, das war dann oft auch nicht nur eine finanzielle Frage, wobei ich da von meinen Kolleginnen auch angefeindet worden bin. Aber ich war solo, und nach wem hab ich zu fragen, verstehst du, also, das geht doch niemand was an, was ich tue …

Dieses Handtuch ist mir noch geblieben. Das Handtuch hab ich komischerweise behalten, ich weiß nicht, wieso es mir nicht weggekommen ist. Alles ist verschwunden, nur das Handtuch existiert noch. Weil ja der Hans Eppendorfer mein Buch schreibt, sagte er zu mir, er hatte ein Bild von mir, und sagte: »Dein Bild hab ich aufgehängt.« Dann fang ich an zu lachen und sage: »Wo willst du denn in deiner Wohnung noch was aufhängen, jeder Millimeter ist besetzt an der Wand.« Mit irgendwelchen Plakaten, auch sein Leben ist besetzt. Da sag ich: »Wo willst du denn das aufhängen, mein Bild?« Und da lacht er und sagt: »Für dich hab ich sogar einen Cocteau abgehängt.«

Und da kam wieder das Wort Cocteau. Und da fiel mir ein, daß ich dieses Handtuch noch hatte. In dem Moment auch erst wieder. Und jetzt war ich doch durch den Film mit Peter Kern in La Baule und da war ein Dinner mit Jean Marais und ein Dinner mit Isabelle Huppert. Ich wollte natürlich Jean Marais, weil der mit Jean Cocteau zusammengelebt hat, ich denk, auch weil Jean Marais achtzig ist und bald stirbt, den werd ich nie mehr sehen können. Isabelle Huppert werde ich vielleicht in fünfzig Jahren noch mal erleben können, hab ich mich natürlich für Jean Marais entschieden und wollte auch unbedingt ein Foto mit ihm, und es war schwierig, und ich kann auch nicht so belästigend sein und hab dann eine Stunde quasi in der Schlange gestanden, nur um ein Foto mit Jean Marais zu bekommen wegen Cocteau. Na ja, und so schließt sich der Kreis.

Der Alfred Hrdlicka, na ja, also der bummelte da hinten im Hinterhof rum, und ich hatte gerade Feierabend gemacht. In der Herbertstraße im Hinterhof. Da komme ich raus und gucke ihn an und sage: »Na, was machst du denn hier? Willst du mal reinkommen?« »Ja«, sagte er, »ich hab aber kein Geld.« »Na«, sag ich, »macht nichts.« Weil ich ihn ja erkannt habe. Ich denk, na ja, der wird doch schon noch Geld haben. Und wenn nicht, dann muß er uns eben hier eine Büste machen. Also, er kam rein, und dann haben wir gesoffen, mehrere Frauen, lustiger Abend. Muß aber betonen, wir haben wirklich nur gesoffen, und er sagt zwischendurch immer: »Ich hab kein Geld.« Ich sage: »Paß auf, das bringst du uns dann morgen.« Nachher merkte ich, daß das wirklich stimmte. Und dann sage ich: »Dann bringst du uns das morgen mittag.« Sagt er: »Morgen hab ich Denkmalseröffnung.« Sag ich: »Wenn du das nicht bringst, dann kommen wir zehn Huren alle hochhackig, gestylt, geschminkt, ganz schrecklich aussehend – was heißt, schrecklich aussehend –, so wie wir eben aussehen, und noch ein bißchen mit Übertreibung. Perücke schief, angesoffen, dann reißen wir dir ein Stück vom Denkmal ab. Für das Geld.« Am anderen Tag kam er natürlich pünktlich mit dem Geld. Wir haben nur gesoffen.
Die Frauen sind ja immer so eifersüchtig, wenn so eine Geschichte erzählt wird. Aber das müssen sie doch abkönnen, daß die Männer bei uns auch mal nur saufen

im Salon. Ich hab doch einen Salon gehabt, mit Klavier und Bildern, Unterhaltung. Das ist ja nicht immer gesagt, daß der, der bei uns drin war, auch was gemacht hat. Kann ich beschwörn, keine Genitalnummer, reiner Leberschaden, trocken abgehustet.
Ja, mit dem Maler Penck war doch die Eröffnung vom »La Paloma«, und die ganzen Maler kamen. Und die waren alle so gestylt und sahen aus wie bessere Luden. Unter anderem Immendorff. Muß ich den Malern schon mitgeben, das Ding. Und ich stell mir einen Maler vor, wie Horst Janssen oder wie Penck, wie einen Künstler und nicht wie so einen gestylten Luden. Der Immendorff mit seinen zwei Rolex und die Ringe an den Fingern, so daß er sie kaum noch tragen kann. Der muß ja schwer zu schleppen haben. Tut mir ja fürchterlich leid. Die waren mit ihren Frauen da, was mich natürlich auch gestört hat. Also, was soll ich da. Aber irgendwie saß da ganz einsam einer und allein, einer mit einem Jeans-Anzug und mit einem Bart und sah aus wie so ein Gammler. Und weil die alle so geziert und gestylt waren, denk ich, ach, setz dich zu dem netten Gammler da. Und ich setz mich hin, und wir kommen so ins Gespräch, und wir erzählen so und ich wußte überhaupt nicht, daß das der Penck war. Und ich hatte doch gerade meinen Puff eröffnet. Da hatte ich auch noch Schulden, hatte damals meine Kette auch noch dafür versetzt. Die Domenica-Kette. Die hat im übrigen mit den Brillis und meinem Namen ein reicher Typ in seinem Safe. Ich denk, der geilt sich daran nur auf, also die könnte er mir auch im Laufe seines Lebens mal wiedergeben. Der hat

Computer-Elektronic-Firmen, also der ist reich, hat auch noch ein Haus in der Herbertstraße. Nur so aus Neigung, aus Hobby, dieses French-Quartier. Und der hat meine Kette im Safe. Da gehört sie ja auch nicht hin. Dann hat er mich mal gefragt, ob er sich von den Steinen einen Ring machen lassen soll. Sag ich, wenn es dir steht, du kannst ja die Kette auch unters Kinn binden, ist mir auch wurscht. Also, weißt du! Der hat fünf Rolls-Royce, also mit anderen Worten, ich sehe gar nicht ein, daß ich mir von dem die Kette wiederhole. Soll sie doch im Safe bei ihm verschimmeln.
Dann hab ich zu dem Penck gesagt: »Hör mal, soll ich dir mal meinen Puff zeigen?« Sagt er ja. Da war ich schon zu. Da bin ich dann mit Schlüssel rein, hab ihm alles ganz toll gezeigt, hingen auch ganz schöne Bilder da. Und irgendwie kamen wir drauf, da sagte ich zu ihm: »Aber ich hab' doch noch ein bißchen Schulden hier. Jetzt ist ja bald der Erste.« Sagt Penck: »Ja, sag mir doch, was du brauchst.« Und da lach ich so und sag: »Also wenn ich dir erzähle, was ich brauche, brauch ich ja gar nicht anzufangen.« »Nein«, sagt er, »du sollst mir sagen, was du brauchst am Ersten.« Guck ich den so an, lach wirklich und denk, der arme Mann. »Also wirklich brauchen würde ich zwei- bis dreitausend Mark am Ersten.« Macht er – er hatte Jeans an und ein Gammelhemd – sein Portemonnaie auf und legt mir dreitausend Mark hin. Also, ich war noch nie mehr geschockt! Im nachhinein habe ich dann erfahren, daß das der bekannte Penck war. Dem ist ja schon mal so was Komisches passiert. Auf der Parkbank ist der mal eingeschlafen, und

dann ist er verhaftet worden von der Polizei und hatte vierzigtausend Mark in der Tasche. Bei mir geht sowieso alles immer um Vierzig. Die Luden wollten damals vierzigtausend, hatte ich dann Schwarzgeld, also, was sag ich, man darf ja gar nichts im Puff, ist ja kein Schwarzgeld nach zwanzig Jahren Puff, weiß ich nicht, was das für Geld ist, komm ich selber nicht mit klar. Aber hatten sie den mit vierzigtausend verhaftet, als Penner, und wo er denn das Geld her hat. Das passierte nach mir, und ich hab die Geschichte gut verstanden, weil ich denke, was soll ich dem armen Gammler sagen, was ich brauche. Das war auch der Sympathischste und Netteste, und der hat von mir auch eine Zeichnung gemacht. Tut mir eigentlich leid, daß ich sie verkauft habe, gerade vom Penck, weil der so lieb ist. Darum hätte ich sie behalten müssen.
Da sagte der Tomi Ungerer zu mir, »die mit der schnellen Hand.« Und dann hab ich mal zu einem ganz netten Gast gesagt, ach, ich sammle erotische Kunst und so, und da sagt er zu mir, zum Sammeln gehört Härte. Später habe ich ihn begriffen. Ich hatte nie die Härte, etwas zu behalten.

Die Katharina Thalbach, die hab ich ja mal kennengelernt, und jetzt hab ich erfahren, die hat am selben Tag mit mir Geburtstag. Und nicht umsonst, ich mochte sie so unheimlich gern, weil sie so ehrlich ist. Ganz tolle Aussagen. Ingrid Caven war auch eine der wenigen, die gesagt hat, unser Beruf kommt auch dem einer Hure gleich. Wir müssen uns auch verkaufen. Wobei eine berühmte Schauspielerin in Deutschland ja immer, immer wieder betont, ich will gar nicht den Namen sagen, daß sie sich noch nie verkauft hat. Das kann mir diese Frau nicht erzählen, weil es nämlich, verdammt noch mal, nicht stimmt, weil sie mit vielen Regisseuren im Bett war. Das find ich nicht in Ordnung, und ich weiß gar nicht, was es da zu betonen gibt.

Eigentlich wollte ich Modezeichnerin werden, weil ich gut zeichnen konnte. Und meine Mutter wollte mich ins Büro stecken, weil ihre Schulden, die die Leute bei ihr hatten, die sollte ich dann eintreiben. Aus dem Grunde sollte ich eine Bürolehre anfangen. Damit ich später ihre Schulden eintreiben konnte. Also, wenn ich mir das vorstelle, ich war überhaupt nicht fürs Büro gemacht. War mehr künstlerisch und überhaupt so veranlagt, verträumt eben. Ich sagte immer, jeder Briefkasten war mein, um dagegenzurennen, hab ich mich immer gestoßen. Also, es war furchtbar. Ich habe auf offener Straße wirklich geträumt. Zum Beispiel Frau Lagerfeld zu sein, das hätte mir sehr gut gefallen, als meine Karriere. Ich muß ehrlich sagen, ich finde den Lagerfeld toll. Wenn der 'ne Aussage macht, trifft das den Nagel auf den Kopf. Das einzige, was mir nicht an Lagerfeld gefällt, ist, daß er diese furchtbar dünnen Gestalten als »Frau des Jahres« oder »Frau der Welt« vorstellt. Das sind so kranke fragile Figuren teilweise, also das kann ich nicht nachempfinden. Da find ich Gaultier besser, der die Dicken mochte, hinstellte und sagte: »Das ist ein Modell.« Das ist krank, so fragile

Figuren. Wenn das jetzt vom Naturell her so ist, daß Leute so furchtbar dünn und wenig stark sind, find ich das in Ordnung, aber wenn das so abgehungert ist, find ich das so was von widerlich und krank, und die halbe Welt ist doch schon krank mit Magersucht. Das Schlimme ist, daß dreißigtausend Kinder verhungern, für mich unverständlich, und um Magersüchtige macht man so ein Gedöns. Also ich drück keinem Magersüchtigen Essen rein. Hundertprozentig nicht.

Schlangenbeschwörerin hätte ich sein können. Also jeder hat gedacht, die kann's, die muß es ja können. Das war so schlimm, daß ich vor dieser Erwartungshaltung auch schon Angst hatte, die die Gäste an mich stellten, als ich bekannt war. Ich hab immer gesagt, Schlangenbeschwörerin bin ich nicht. Was ich vorher lockerer gemacht habe, wurde nachher zur Qual. Weil jeder sagte: »Du bist ja die Domenica, du mußt es doch können.« Also so einen, den keine mehr wollte, mit den sollte ich dann auch noch können. So ungefähr. Ich hatte mir wirklich zuviel aufgehalst. Kam einer zu mir und hatte viel Geld bezahlt. Sagt er: »Aber ich möchte sehen, ich bin pervers. Und ich möchte alles ausprobieren.« Also, er wäre schon oft im Bordell gewesen und es wäre noch nie was passiert. Also, er kann nicht im Bordell. Er hat zweitausend Mark bezahlt. Mittlerweile hatte ich alle Perversionen ausprobiert, die ich so kannte, mit Fesseln an Schenkeln mit allem Drum und Dran und noch mit einer Frau dazu. Es war dann schon ganz früh morgens, wie immer. Ach, denk ich, der arme Kerl. Hat soviel Geld bezahlt, nix geht, und ich kam an die

Perversion einfach nicht ran. Und dann, in der Sekunde kriegte ich Mitleid mit ihm, weil ich ihm sagen wollte: »Jetzt mußt du gehen.« Also nach so vielen Stunden. Ich kriegte Mitleid mit ihm und leg so meine Brüste auf sein Gesicht und streichle ihn, und in der Sekunde spritzt er. Ich sag: »Wenn das die einzige Perversion ist, daß du Zuneigung und Wärme brauchst, dann hättest du das mal vorher sagen sollen. Dann hätten wir uns die ganze Perversion heute nacht sparen können.« Da sprang er hoch und sagte: »Ich bin gar nicht pervers?« »Nee«, sag ich, »das einzige, was du wolltest, war mal Zärtlichkeit und Wärme, das ist deine ganze Perversion gewesen. Das hätten wir auch einfacher haben können.« Ich habe tolle Sachen erlebt in der Richtung.

Domenica: schlapp, schlapp.
Mit einem Blick wie eine Regenrinne.

Na ja, so schlapp ... ich bin damals, als ich im Puff aufgehört habe, mit einer Mülltüte aus dem Puff gegangen. Das waren zwanzig Jahre Anschaffen. Die Malerin, meine Freundin Sigrid, die hat die Mülltüte getragen. Aber keiner sagte tschüß oder irgendwas. Eine Mülltüte ist übriggeblieben. Damit bin ich aus der Herbertstraße weggegangen.
Geld habe ich die dreißigtausend, die ich vorher eben gespart habe.
Ich war mit Alice Schwarzer in der Herbertstraße, und komischerweise – die Männer haben die Alice alle erkannt. Und dann hat die Alice gesagt: »Geht mal alle nach Hause.« Sag ich: »Nee, nee, Alice, so nicht! Erst reingehen, dann nach Hause.« Also so weit ging dann die Liebe auch nicht, daß ich mir von Alice das Geschäft kaputtmachen lasse. Ich habe auch gesagt: »Alice, wir arbeiten doch nur in deinem Sinne, wir beuten die Männer aus.« Also mit anderen Worten, das kann dir doch nur recht sein. Aber Alice hat Humor, die hat darüber gelacht. Aber ins Fenster hat sie sich nicht gesetzt. Die wollte die Männer nach Hause schikken. Als Domina, glaube ich, das hätte ihr schon gepaßt. Es gab soviel Ausbeutung durch andere Leute ... die meine Gutmütigkeit ausgenutzt haben, ich meine vor allem vor dem Fenster. So viele kamen: »Ach du bist ja so nett.« Nachher zum Schluß hab ich dann gesagt: »Können Sie das mal in Zahlen ausdrücken?« Also ich

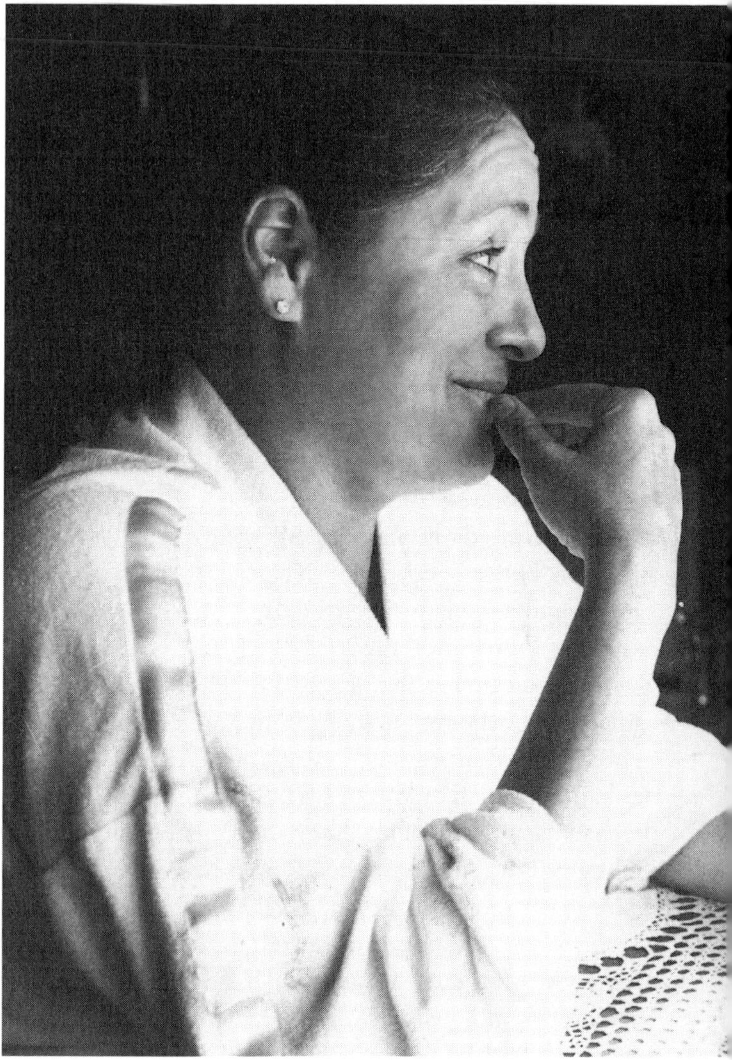

konnt es nicht mehr hören, wie nett ich war und wie schön ich war. Die haben mir nur die Zeit gestohlen und so einen Unsinn dahergelabert. Also furchtbar.
Es haben sich auch viele Leute von mir Geld geliehen und es mir nachher nicht wiedergegeben, sehr viele. Da war ich doch mal mit Lilo Wanders, einer von Schmidts-Theater, im Radio Hamburg Co-Moderator, seh ich auf dem Spickzettel, daß da stand, Domenica und Meier-Eier. Da hab ich gesagt: »Du, paß mal auf, die Eier holst du raus. Den Eiermann singt ihr doch im Schmidts. Ich hab doch mit den Eiern nichts zu tun. Hol mir sofort die Eier hier raus.« Da hatte ich schon die neue Arbeit, da lasse ich mich doch nicht verscheißern!

Das letztemal, wo ich noch in so einen Ludenladen allein gestürmt bin. Im Suff. In das »Chicago«, wo ich doch Lokalverbot hatte. Da war mal wieder Neueröffnung, und ich, ich weiß auch nicht, was mir einfiel, ich war an dem Tag besoffen. Also, ich stürme das Lokal, hundert Männer. Da flüstert der eine: »Hoffentlich kommt hier bald 'ne anständige Frau«, so ein ganz breiter von der GmbH, der Harry. Das war mein Stichwort im Suff. Ich hinter dem her. »Ich geb dir gleich 'ne ›anständige Frau‹«, sag ich, »deine anständige Frau ist jetzt pleite. Lebt vom Sozialamt, hat sich von mir dreihundert Mark geliehen. Und die Krankenkasse hast du für deine anständige Frau nicht bezahlt. Aber die dreihundert Mark will ich gar nicht von deiner anständigen Frau, die will ich von dir.« Und hab dann rumgeschrien! Hin und her, die Männer, die Mäuler auf, die haben mich angeguckt, das mochten sie nicht glauben, daß eine Frau so einen Laden stürmt. Das konnten sie auch nicht haben.

Das ist toll, wenn ich in Wut gerate, habe ich keine Angst. Wenn dann noch Alkohol mitspielt, dann hab ich ja überhaupt keine mehr. Sonst hat man ja noch ein bißchen, aber dann hat man gar keine mehr. Also hundert Männer haben mich nur angestarrt. Und einer zog mich allerdings raus und sagte: »Komm schnell raus, komm schnell raus, ich bin ein Freund von deiner Schulfreundin.« Also, einen Retter hatte ich immer. Und mit dem Retter bin ich auch immer ins Bett gegangen. War mir egal, wie der Retter aussah. Retter war Retter. Jeanne d'Arc ist ja verbrannt worden, die wurde nicht gerettet.

Ich versteh auch nicht, warum die keinen Retter gefunden hat. Ehrlich, das tut mir richtig leid. So was Schlimmes.

»Immer wollte ich die unbekannte Schöne sein.«

Er ist mein Sklave, ja, was kann er? ... Hier die Wohnung staubsaugen? Das ist mir zu wenig, tut mir leid. Seit dem Mann ist mein Nachthemd verschwunden, und ich hab nur noch drei. Weiß nicht, wo mein Nachthemd ist. Kann der nur staubsaugen. Ja was soll ich denn damit? Für so was muß ich nicht so 'n Kerl im Schlepptau haben. Denn er muß mir hier alles machen. So einen brauche ich. Wenn schon, denn schon. Soll ich mich mit so einer Gestalt umgeben? Nee. Ich wohne mit ihm, und er ist mein Sklave. Manchmal. Aber nur manchmal. Aber er ist süß und sehr geil. Und manchmal, nur manchmal, gefällt ihm die Rolle. Er ist mein Freund und Liebhaber, er ist mein Kind, das sieht man ihm aber auch an. Sein Vater war im Gefängnis, Stehlen mit Pistole.

Und mein Bruder genau dasselbe. Mein Bruder ist Sexomane. Der war krank. Der ging bei der einen raus und in die nächste wieder rein. Aids war keine Bedrohung. Nein, ich krieg auch nie was. Das ist aber 'ne andere Geschichte. Trotzdem ist diese Behauptung, daß es keine orale Infektion ist, hirnrissig, wenn es ein Virus ist. Ja, aber warum kriegen es denn Bluter? Ich meine, über diesen Konservenweg, okay, ja auch über die Nadel. Auch okay. Interessant ist, daß die nicht Karposi kriegen. Frauen auch nicht. Ich kenn keine Frau mit Karposi. Ist aber sehr selten. Die Flecken da. Ich kenn ja Frauen, die haben mit Aids-Infizierten geschlafen und haben es nicht bekommen.

Das fand ich immer so komisch bei den Dominas. Im Geschäft, die Freier, behandeln sie, natürlich auf Wunsch ... Da hat der Tomi Ungerer mal eine Domina gefragt: »Hast du auch einen Zuhälter zu Hause?« Da war diese Gabi die einzige Schlaue, sagt: »Meinst, ich laß mir hier den Arsch küssen und zu Haus reintreten?« Am schärfsten ist, daß ich so viele Dominas kenne, die zu Hause nur Macho und Zuhälter kennen. Was die da arbeiten, das sind sie doch gar nicht. Da laß ich mich doch bestimmt nicht in meiner privaten Sphäre dominant behandeln, von so einem Typ. Wenn sie eine richtige Domina wäre, das sind ganz viele, die haben richtige Zuhälter, die abkassieren. Das war mir immer unbegreiflich. Es gibt genug Dominas, die sich von ihren Männern schlagen und das Geld abkassieren lassen.

Ich habe mehr private Männer gehabt als im Dienst, aber so was dürfte ich gar nicht sagen. Das ist 'ne Sache, in Köln weiß das jeder und in Frankfurt. In den beiden Städten hab ich das gemacht. Das war bei mir Provokation. In den Laden, ins Lokal rein, hab mir da was ausgesucht ... die haben bei mir schon gelauert, wen nimmt sie heute. Aber dann in einer Stunde kam ich wieder und sagte, du auch und du auch. Die sind wie die ... wie kann man sagen, wenn Männer gnadenlos mitrennen ... Schlachtvieh, die sind süchtig. Ich hab damit natürlich total rumkokettiert und gespielt. Ich hab mit denen gemacht, was ich wollte. Die Medien haben mir meinen Traum zerstört. Ich war ja immer so

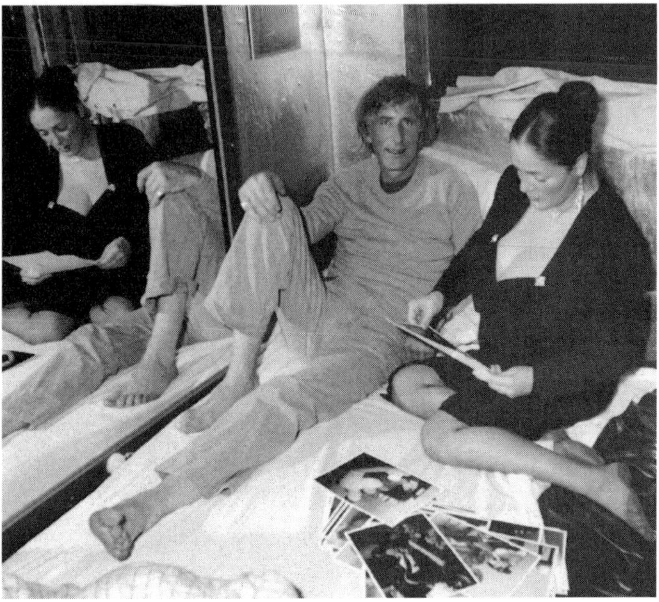

43 »Hast du auch einen Zuhälter?«

ein bißchen versponnen so mit Balzac und so. Immer wollte ich die unbekannte Schöne sein und alle sollten rätseln, wer ich war. Versponnen war ich, und als ich neu in Hamburg war, hab ich das auch gemacht. So in Läden rein: »Wer sind Sie, gnädige Frau, sind Sie Künstlerin?« Fand ich einfach toll, daß sie mich so was fragten. Dann war ich auch mal im »Pulverfaß« und da war ein ganz toller Mann, der mich da immer anstarrte. Aber ich wollte einfach lieber rausgehen, ohne mit ihm Kontakt zu haben. Also, ich bin im »Pulverfaß« und geh denn raus. Fünf Jahre später steht der Mann vor meinem Fenster und sagt: »Hier bist du«, also so richtig fassungslos. In diese Straße hätte er mich nie eingeordnet. Das habe ich aber oft erlebt, daß Leute im nachhinein gesagt haben, also an alles haben wir gedacht, aber nicht daran. Das ging so weit in den Antiquitätenläden, daß sie mir oft Sachen geschenkt haben, weil sie mich einfach mochten. »Sind Sie Künstlerin?« Und der arme Mann da kauft die ganzen Stühle ... guck ich in das Fenster ein paar Wochen später, hat der nur Stühle da. Hab ich den Laden natürlich nie mehr betreten vor Schreck, daß der arme Mann wegen mir so viele Stühle gekauft hat.

Den Traum haben sie mir natürlich zerstört, ich meine, den habe ich natürlich mitzerstört, in dem Moment, als ich bekannt war. Ich glaube, der Anfang meines Elends war eigentlich meine Eitelkeit. Ich mochte gerne Fotos von mir. Wobei ich das ganz gesund fand, daß in München damals meine ganzen Fotos geklaut worden sind. Ich kenne diese Art, immer etwas von der Vergan-

genheit mitschleppen, jedem zeigen, wie toll man war, wie schön man mal war, und das ist ja furchtbar krank. Das hatte die Helga Anders bis zum Schluß. Mein Glück war, daß diese Fotos geklaut worden sind, also mußte ich noch mal einen neuen Anfang machen mit mir selber. Es gab keine alten Fotos mehr. Nur noch die, die paar die ich hatte, die hatte meine Mutter oder mein Bruder. Einmal hat mein erster Mann alle zerrissen, dann hatte ich ja wieder neu gesammelt in zehn Jahren, dann wurden sie von dem Zigeuner geklaut. Und ich finde das im nachhinein sehr gesund, Gott sei Dank ist mir das passiert. Damals war ich enttäuscht und traurig. Aber, ja, wie soll man sagen, ich mußte ganz neu anfangen. Meine Eitelkeit war es. Als der Fotograf kam und der »Stern« bei mir gesoffen hat in der Herbertstraße, da sagte der eine, er kann doch mal einen Fotografen mitbringen. Ja, und ich fand das toll, ich wollt auch neue Fotos haben. Obwohl es für mich immer eine Qual war, fotografiert zu werden. Ich hab zum Schluß nachher nach zehn Jahren das Gefühl, der Fotoapparat schneidet mir wie 'n Messer ins Gesicht. So extrem war das.
In arabischen Ländern sagt man, man nimmt die Seele weg. Da ist auch irgendwo was dran. Bei Privatfeiern ist das was anderes, aber so, nee, ist nicht schön. Ich meine, man kann ja auch zynisch sagen wie die Marlene Dietrich: »Ich bin totfotografiert worden.« Ich kann sagen: »Ich bin totgebumst worden.«

Genau wie der Josh van Soer aus der Hamburger Drogenhilfe immer sagt: »Ist doch egal, wer mich rettet, ein

Speedboot oder ein Ruderboot. Hauptsache ich werde gerettet!« Also mit anderen Worten: Wenn man mit Krücken Polamydon zum Überbrücken nehmen kann, um zu überleben, dann kann ich auch durchhalten, ohne immer wieder abzustürzen. Auf mich kommt es an, was ich mit diesen Hilfskrücken anfange. Wenn ich Zucker hab, muß ich auch regelmäßig Tabletten nehmen, so einfach ist das. An mir liegt es, ob und wie ich durchhalte, da steht keiner hinter mir. Ich bin doch nicht entmündigt, ich weiß immer noch, was ich will und was nicht. Ich mach doch die Tür auf und auch wieder zu, wenn ich nicht will.

Der eine zum Beispiel, morgens in der Früh: »Kann ich dich lecken?!« Und dann gibt er mir fünfzig Mark und sagt: »Schmeckt das denn auch, nicht daß mir schlecht davon wird?!«

Der ist zur Polizei gegangen – wir mußten damals noch nacharbeiten –, und dann kam die Polizei mit dem an und sagte: »Ja, wie ist das, der will seine fünfzig Mark wieder!« Damals waren die Preise noch anders. »Nö«, sag ich, »die geb ich nicht wieder.« So ein Blödsinn. Erst fragt er unten vorm Fenster, ob er lecken kann. Ich sag ja, das kostet fünfzig Mark. Und oben sagt er dann: »Schmeckt das denn auch, nicht daß mir schlecht davon wird.« Da hab ich gesagt, er soll sich hinlegen und den Rand halten. Ich sag: »Nee, das mach ich nicht mehr, jetzt reicht's mir doch hier!« Haben sie gefragt, ob ich nacharbeiten wollte? Das war damals so, die Polizei stellte sich draußen vor die Tür und wenn der Gast dann zufrieden war, konnte man das Geld behalten. Also, da hab ich aufs Nacharbeiten verzichtet und hab gesagt: »Da geb ich lieber das Geld zurück, jetzt reicht's mir ...« Wie sie sagten: »Wollen Sie denn noch was machen«, ich sag: »Vielleicht wird's ihm ja schlecht davon.« Also so eine Frechheit!

Diese Unverschämtheit, so was mit so'nem Spruch und um sieben Uhr morgens. Da hat man doch Nerven!

»Schmeckt das denn auch?« »Weiß ich doch nicht«, sag ich. »Ich habe mich noch nie selber geleckt ...«

Also ich muß nun mal ehrlich gestehn: Geht das überhaupt? Lach nich.

Also, keine weiß damit was anzufangen: spiritueller Orgasmus. Es gibt Frauen, die üben jahrelang – ohne Erfolg. Ich hab das auch nie so richtig begriffen. Aber jetzt in meinem Urlaub hat's geklappt. Ich liege in meinem Bett, ein Mann hat mich halbgar liegengelassen, und ich träume und fantasiere mir die andere Hälfte zusammen. Und plötzlich, ohne daß ich mich berühre, passiert es. Erst im Kopf, dann ging er in den Unterleib, wieder in den Kopf, dann ins Herz, in den Bauch. Toll. Es war, wie es sein muß, richtig schön. Wie bei einem Schornsteinfeger, einmal quer durch. Sehr angenehm.

Ich hab mal irgendwann im Suff gesagt: »Ich mag Neger, nur als Gäste will ich sie nicht. Nur als Gäste nehm ich sie nicht«, hab ich gesagt. Nachher hab ich doch mal einen genommen, um zu sagen, so ein Blödsinn. Also warum willst du keinen Farbigen als Gast nehmen, wenn er nett und anständig ist. Aber an dem Morgen, wo wir so besoffen waren, sag ich es zu dem, wie hieß der – Decoven – Kovi haben wir gesagt. Daraufhin habe ich gesagt: »Ich mag Farbige, nur als Gäste nehm ich sie nicht.« Da fingen alle an zu lachen über meinen blöden dusseligen Satz. Gott sei Dank sind wir dann alle lachend umgefallen, besoffen. Und dann danach habe ich erfahren, daß der auch schon aidskrank war da. Vielleicht hat mich das Lachen oder mein blöder Spruch gerettet, wer weiß das. Jetzt bin ich natürlich in dem Alter, wo man mit der Romantik irgendwie mal aufhören muß. Jetzt denk ich mir, für mich kommt nur ein alter Professor mit einer sehr guten Rente in Frage, mit dem ich mich unheimlich intelligent unterhalten kann. Sagen wir mal, so wie bei Heinrich dem VIII., wo die letzte Frau ja auch entkommen ist, weil sie so gut reden konnte und mit ihm so schön Karten gespielt hat. So stell ich mir das dann vor. Also, ich kann mir nicht vorstellen, daß der Mann meiner Träume plötzlich vor mir steht und mich der Blitz noch mal treffen sollte. Aber ich hab auch von einer alten Frau eine gute Aussage gehört: »Früher wollt ich keinen, und als ich dann wollte, da wollt mich keiner!« Ich hoffe, daß mir das nicht passiert, aber wenn, könnte ich mir einen Partner vorstellen mit einer guter Rente und tollem Unterhalt.

Mein Geheimnis ist, wenn ich irgendwo hingehe, nie dran zu denken, wohin ich gehe. Ich denke nie, was könnte … das interessiert mich nicht. Ich klingle und bin voller Erwartung. Ich kann eigentlich nur selber mit dem anderen Menschen, egal, was andere über ihn reden. Ich gehe offen hin und hör das gar nicht. Meine Seele spüre ich, wenn ich dunkle Flecke drauf habe, körperlich. Und wenn ich was Gutes tue, fühle ich mich sauber und leicht und beschwingt und schön. Wenn ich was Schlechtes gemacht habe, was Gemeines, bekomme ich kleine Augen und es geht mir mies. Ich fühle mich richtig dreckig …

»Ich versuche immer, aus allem noch was zu machen.«

In Kaschemmen arbeiten, hab ich kein Sinn drin gesehen. Hatte aber auch wirklich keine Wohnung. Also, ich versteh mich heute immer noch nicht, daß ich damals nicht von allein auf die Idee gekommen bin ... aber ich bin dann sogar auf die Idee gekommen. Ich hab sogar in so 'ne Zeitung geguckt. Im Schwarzwald, da gab's ja schon mal so was, »Angebote mit Zimmer«, aber es waren ja meistens Bars und so. Hab ich ja mal bei meinem Bruder ganz kurz gemacht, das ist ja noch schlimmer als Puff.

Wenn ich gewußt hätte, daß man auf Sylt so viel verdient, wäre ich hin. Hundertprozentig. Also wenn ich heute so die Bekannte seh, die Stefanie, die kommt keinen Tag unter dreihundert Mark nach Haus. Und ich hatte ja eine Servierlehre gemacht, mit sechzehn Jahren. Totales Indianergeld, nur kleine Münzen.

Als ich mit Kuno zusammen war, hatte mich sogar ein ganz toller Laden in Köln-Rodenkirchen angenommen, irgendwann war das auch ewig Theater, mein Geld, und er hat das ja auch furchtbar ausgespielt, daß er nun das Geld hatte und ich nicht. Und dann hab ich schon so kleine Anläufe gemacht, mich selbständig zu machen. Ich weiß noch genau wie heute den ersten Tag. Ich serviere. Er kam mit seiner Schwester zu Besuch, setzt sich hin, fängt an zu lachen und sagt: »Pack die Sachen ein und komm wieder mit.« Und da hab ich mich auch schnell überreden lassen. Anstatt daß ich festgeblieben

wäre, nein, ich will das hier durchziehen. Also, ich hatte so drei kleine Anläufe gemacht, eben doch.
Er war ja Halbjude. Jede Nacht diese dramatische Nummer, jüdische Momme und Tabletten und Alkohol. Mußt ich mir als junger Mensch reintun. Also seitdem, muß ich sagen, ist jüdische Momme für mich gestorben. Das Lied mußte ich mir immer anhören. Und dann hat der geweint, dann hab ich geweint, und dann war die Schwester da. Er hat ja wenigstens noch eine Variante, aus Griechenland, diese lustige Melodie. Ich meine, aufgrund von Prominenz oder Berühmtheit, da muß man ja nach dem Tod noch rechnen damit, daß die Leute Dreck über einen schmeißen, die Journalisten. Zum Beispiel in dem Fall von Marilyn Monroe. Da soll dann ein Dienstmädchen, oder wer auch immer, gesagt haben, die Marilyn hätte nie ihre Unterhosen gewaschen. Wenn sie gelebt hätte, hätte sie ja noch kontern können: »Ich hatte nie welche an, also was reden Sie für Unsinn!«
Wie jetzt bei Charles und Di, da kommt dann einer bei Gottschalk in die Sendung, so ein Denunziantenschwein, und sagt, die Pamela würde ihre Unterhosen auch nicht waschen. Also, wenn ich Moderator gewesen wäre, ich hätte gesagt: »Waschen Sie mal erst Ihre dreckige Wäsche, vor allem Ihre Unterhosen, und dann können Sie eventuell mal bei anderen anfangen.« Also, ich finde das unmöglich. Ich hätte Angst davor, wenn ich mal sterbe, daß dann so ein Dreck hochkommt. Daß er sich solche Leute in die Sendung holt. So was finde ich ekelhaft. Ich würde mir wünschen, daß so etwas über

mich noch zu meinen Lebzeiten gesagt wird, damit ich wenigstens noch kontern könnte. Manche denken, nach dem Tod wäre wohl alles egal oder so. Aber ich glaube, ich würde mich im Himmel rächen.

Da denke ich wieder an die Geschichte von der Giese, die gesagt hat: Wehe, es hält einer eine Grabrede an meinem Grab, da komm ich aus dem Himmel. Und der Paul Verhoeven hat eine Grabrede gehalten und ist doch dann mit Herzinfarkt zusammengebrochen. Volker Spengler hat mir die Geschichte erzählt. Und da würd ich auch aus dem Himmel kommen. Dem kipp ich noch die Brühe von oben runter. Wen gehen meine Unterhosen was an! Ich würde lieber gar keine tragen, bevor ich eine dreckige trage. Da hab ich früher keine Probleme mit gehabt. War ja bei mir auch ein Gerücht. Ich hab auch mal vergessen, Unterhosen anzuziehen, damals. Weil ich gerne ohne Unterhose herumlief. Weil mir das Spaß gemacht hat, unten rum frei zu sein, daß Wind dran kam. Ich fand das schön, das war 'ne gute Durchlüftung. Ich weiß gar nicht, warum die Leute sich aufregen. Wenn man ein Kleid drüber hat, ist das ja egal.

Mal abgesehen davon, daß im Moment in Japan der Renner ist, gebrauchte Höschen zu verkaufen. Wie oft haben wir unsere Höschen verkaufen müssen! Aber gebraucht, bitte, das ist ein gutes Geschäft. Also Minimum zwanzig, dreißig Mark, wenn man Glück hatte, fünfzig Mark.

Bei mir waren auch schon welche, die wollten meinen Büstenhalter haben. Aber für einen Büstenhalter muß ich ja Minimum hundert Mark nehmen. Damals war ich noch nicht so künstlerisch drauf, sonst hätte ich ihn noch signiert. Aber wie gesagt, wir haben Fetische verkauft.

Ich bin ja nicht verbittert. Die Vorreiterarbeit hat mich stärker gemacht. Neulich kam eine zu mir, eine Frau von der Straße, und sagte zu mir: »Du bist ja noch schöner geworden«, so ganz verwundert. Viele denken, bei meinem Leben müßte man schon längst abgewrackt sein, kaputt, versoffen und ordinär. Ich steck das weg, besser vielleicht als andere, ich weiß es auch nicht. »Daß du mit so 'ner Würde durch diesen Dreck gehst«, stand neulich auf einer Postkarte. Was soll ich darauf antworten? Ich sage, ja, mein Gott, ich nehme mit, daß es Besseres und Schlechteres im Leben nicht gibt. Es gibt keine besseren und schlechteren Menschen, das nehm ich auch mit. Und manchmal ziehe ich mich in mein Schneckenhaus zurück. Sollen nicht alle mitkriegen, daß ich verletzt bin. Manche Dinge belasten mich, vieles, was ich falsch gemacht habe. So war ich immer schon. Ich kann nicht einfach was Schlimmes machen und sagen, na ja, das ist halt so, und dann irgendwie weitermachen.

Das konnte ich nie.

»Es muß weitergehen.«

Angst vor dem Alter hatte ich als junges Mädchen, und da bin ich schon durchgegangen. Da hat mir der Kuno geholfen mit der Lebensangst. Als der Schuß kam, stand ich ja auch wieder nackt auf der Straße so mit meinem Kleid und nix. Und da habe ich die Lebensangst verloren. Allerdings auch in der »Kaffeeklappe«, in der Aussteigerhilfe. Ich hab gedacht, die haben auch nichts und leben immer noch. Es gibt ja bei uns ein soziales Netz, mit anderen Worten, verhungern tut in Deutschland keiner, und das hat mir auch die Lebensangst genommen, wie die da plötzlich zum Aldi gingen und mit Pfennigen rechnen mußten.
Ich hatte ja noch sehr gut verdient, als ich öfter dort hinging. Ich war auch die einzige von der Herbertstraße, die da immer aus Interesse hinging, um zu schauen, wie es den anderen geht, denen es eben nicht mehr so gut geht. Ich habe oft Geschenke gebracht, weil ich dachte, das kann ich mir ja noch erlauben, und ich muß sagen, da habe ich auch meine Lebensangst verloren.
Es ist nie einseitig, daß man mal Sachen hinbringt zu denen, die weniger haben. Ich hab gesehen, es geht weiter. Ich hatte eine ganz unnatürliche Lebensangst mit siebzehn, achtzehn Jahren. Gott sei Dank hatte ich das schon jung, so brauchte ich es später nicht mehr durchzumachen. In der Situation damals war es ganz

schrecklich für mich. Angst, auf der Straße zu stehen, und Angst vor dem nächsten Morgen, furchtbar. Bis der Schuß von Kuno kam, da war die Angst weg. Dachte ich, es muß weitergehen. Trotz Schuß. Ich war ja von dem ersten Mann sehr verwöhnt mit Luxus und Geld und so.

Er hat mich darüber hinaus ausgebildet. Er hat mir die Ängste genommen – ich war ja nun mal ein Waisenhauskind, das auch viele Störungen hatte –, als er mich kennenlernte, und die hat er versucht abzubauen. Aber da ich nun mal ein Dickkopf bin, hat er es sehr schwer gehabt mit mir. Ich wollte das, was ich wollte. Ich habe damals nicht eingesehen, daß er mir auch helfen wollte damit. Erst viel später habe ich erkannt, daß dieser Mann mir auch ganz tolle Sachen mitgegeben hat. Auch Selbstbewußtsein.

Ich meine, das, was ich gesoffen habe, daß ich das so fabelhaft durchgestanden habe, ist doch ein Wunder, ein mittleres Wunder. Aber ich wäre noch viel intelligenter, wenn ich nicht gesoffen hätte. Das weiß ich jetzt. Ich hatte Übergehirn als Kind. Das haben die Nonnen und alle anderen gesagt. Ich brauchte nicht lernen, ich hab's direkt leicht mit Lernen gehabt. Wirklich, wenn ich nicht so viele Zellen gehabt hätte, auch durch die Tabletten sind viele kaputtgegangen. Ich konnte ja früher Goethe, Schiller behalten, das konnte keiner in der Schule. Ich hatte zuviel Gehirn, aber weil ich zuviel hatte, hat sich das Gott sei Dank so geregelt, daß ich jetzt mittelmäßig oder gut bin, aber nicht mehr sehr gut. Ich war die einzige auf dem Schulhof, die die Hausauf-

gaben gemacht hat vor der Schule. Fünf Minuten vorher habe ich sie gemacht, und die waren immer sehr gut.
Ich habe in der Schule zweimal Strafen gekriegt wegen falschen Helfens. Im übrigen ist mir das später im Leben auch passiert, wenn man den Falschen hilft. Die konnten es nicht, ich habe es denen gesagt, das war zwar richtig, aber ich habe zweimal eine Sechs gekriegt deswegen. Das hat mich später im Leben auch begleitet. Da habe ich Geld verliehen oder verschenkt und hab gedacht, ich tu was Gutes, die waren entweder reicher als ich, oder sie haben nur Unsinn damit angefangen.
Zeichnen war eigentlich meine Lieblingsbeschäftigung. Ich habe immer meine Mutter gezeichnet im Kostüm. Als Kind hatte ich ein Foto mit Anna im Kostüm. Das Kostüm habe ich mit der Hemdbluse gezeichnet. Singen wollte ich zwar auch immer und hab immer am lautesten gesungen, und sie hat gesagt: Domenica, Domenica, hör auf, du singst falsch. Ich hatte so eine tiefe Stimme schon als Kind. Hat sich nicht geändert, im Gegenteil.

»Ein Optimist mit Ausdauer – für den alltäglichen Gebrauch.«

Als Hure hat man nun mal doof und blöd zu sein. Das Erlebnis mit Jürgen Roland hat mir gereicht, wo er gesagt hat: »Bleib du mal lieber im Puff.« Hab ich gesagt: »Von Ihnen laß ich mich nicht auf den Puff reduzieren. Ihre St.-Pauli-Filme in den fünfziger, sechziger Jahren, da waren die Huren alle besoffen und blöd.« Daraufhin sagte er: »Das sagen Sie doch nur, um mich zu ärgern.« Ich sagte: »Mir reicht's jetzt. Das sage ich nur, um etwas zu verbessern, um mit einem Vorurteil aufzuräumen.« Aber in meinem Fall war's ja günstig. Von mir hat ja keiner mehr erwartet, als doof und blöd zu sein. Dadurch konnte ich sie ja nur noch überraschen. Kannst ja auch wirklich wieder singen »Laß dich überraschen«, wie bei Rudis »Am laufenden Band«.
In meinem Fall war's gut und wunderbar. Ist doch besser, als die Erwartungshaltung so hoch zu halten, und auf einmal fällt man die Leiter runter. Bei mir kann sich's nur noch steigern. Ich war schon als Kind ein kleiner Philosoph, ehrlich.
Ein Optimist mit Ausdauer, für den alltäglichen Gebrauch. Aber warum sagt der Roland so was Dummes? Weil er ein Macho ist, weil er einfach meint, Männer sind besser als was weiß ich. Noch nicht mal mehr als Frauen, er hat ja eine intelligente Frau. Das schlimme ist, daß er Huren in St. Pauli so betitelt, seine eigene ist ja außen vor. Ist ja intelligent, die habe ich ja mal im Fernsehen gesehen. Aber bei Huren hat er eben diese

Meinung, der ist später mit rotem Kopf abgehauen. Aber es hat mich geärgert, daß sie uns Huren so verschlissen haben. Ticke-tick und blöd … aber heute weiß ich, daß es so sein sollte.
Was hat eigentlich einen Mann wie den Wondratscheck bewogen, mich so zu bedichten? Das weiß ich nicht. Denke doch mal, so ein Dichter! Er sollte eigentlich euphorischer sein als andere. Der ist heute reich, und ich bin arm. Find ich etwas merkwürdig. Also, vielleicht hat der sich mehr verkauft als ich im nachhinein. Das letzte Buch war ja nun mal nicht so, wie es sein sollte, war nur eine finanzielle Angelegenheit bei ihm. Laß ihn doch lyrisch werden, hat ja keiner was dagegen. Ich mochte erst einmal den Dichter, und dann hab ich mir erst den Mann angeguckt. So war ich auch. Erst fand ich überhaupt toll, daß ich einen Dichter kannte. Vor allen Dingen, ein Dichter läßt sich von der Hure die Getränke bezahlen, da hatte er schon zu dem damaligen Zeitpunkt mehr auf dem Konto als ich.
Zu mir hat man immer gesagt, die mit der schnellen Hand. Der Tomi Ungerer, von dem hab ich ja auch die Bilder verschenkt. Sagen wir mal, eines hab ich verkauft, da bekam ich natürlich mit ihm Krach. Er sagte: »Wieso verkaufst du meine Bilder?« Ich sag: »Wozu sind sie denn gut, wenn man pleite ist?« Wozu soll ich dann überhaupt Bilder haben im Endeffekt. Ich habe mir ja auch schon Bilder gekauft, ein Bild, weil es schön ist und weil es mir gefällt. Aber wenn es dann gar nicht mehr geht, kann ich ein Bild nicht essen. So sieht es doch aus. Tomi Ungerer hat richtig bei mir gearbeitet, drei Mo-

nate. Aus der tiefsten Depression habe ich ihn rausgerissen. Bei uns war er dann sehr euphorisch. Er hat da gearbeitet, gewohnt, gelebt und ... Das gleiche hätte ich mir ja bei Horst Janssen gewünscht. Nur, der hatte ein bißchen Angst gekriegt. Der hat richtig in der Herbertstraße gewohnt, der Tomi Ungerer, damals in 7b im Hinterhof, keiner wollte ihn reinlassen, nur ich. Mich haben Künstler schon immer interessiert. Ich fand das angenehm, daß immer einer im Haus war und gezeichnet hat. Ich fand das schön. Ich dachte auch oft an Toulouse. Ich hatte ja in der Kunsthalle das Glück, das mit Toulouse-Lautrec machen zu können. Ich muß sagen, der vorherige Text war so schwülstig: »Die Schiffskapitäne aus aller Herren Länder werden Damen von Stand.« Und plötzlich bekam ich den anderen Text, diesen Toulouse-Lautrec-Text. Ich kann ihn jetzt nicht mehr, aber irgendwann fällt er mir wieder ein. Da ist mir das Herz gekracht, als der neue Text kam, richtig gekracht, als wenn da Steine rollen.

44 »Denk doch mal, so ein Dichter«

»Ich möchte lieber Jeanne d'Arc sein, nur den Scheiterhaufen brauch ich nicht auch noch.«

Ich muß doch weitermachen mit der Presse, was soll ich denn sonst tun. Sie glauben doch nicht, daß ich mein Geld, meine Arbeit, meine Zeit in so eine Sache reinlege und dann auf einmal mitten drin aufhöre, nur weil sie beschissen drauf sind und alles so beschissen wiedergeben. Ich hab ja immer noch die Hoffnung, daß ein vernünftiger Mensch kommt und das endlich mal so aufnimmt, wie's ist, und mich nicht verfälscht und nichts durcheinanderbringt.
Jetzt bin ich erst mal auf den Knackpunkt bei mir gekommen, in meinem speziellen Fall. Wie die Gesellschaft sich auf die Schulter geklopft hat, wir haben Domenica solide gemacht, wir haben ihr eine Aussteigerstelle gegeben. Deshalb haben die sich jetzt erst einmal zweieinhalb Jahre selber beweihräuchert, ob die gedacht haben, ich erzähl das Elend, weil es so schön ist?
Ich bin da jetzt erst dahintergekommen, daß die sich daran hochziehen ... Ich habe jetzt das erste Mal in der Journalistenschule gesagt, daß das nicht mein Traum war, hier sozial zu arbeiten. Der eine hat zu mir heute gesagt: »Was ist mit Mutter Teresa?« Ich sag: »Wie bitte? Ich möchte lieber Jeanne d'Arc sein.« Abgesehen davon, daß mir das viel näher kommt. Sanfte Hingabe, wie Mutter Teresa, das bin ich nicht. Ich mein, die macht 'ne gute Arbeit. Ich gehe mehr in Richtung

Jeanne d'Arc. Nur den Scheiterhaufen brauch ich ja nicht auch noch.
Ich muß dazu sagen: kämpferisch! Ich sage, seit zweieinhalb Jahren haben die sich nur amüsiert. Ach ja, das arme Hürchen tut ein bißchen Sozialarbeit, aber das ist ja ganz nett. Daß das aber auf Kosten dieser Menschen geht, das haben sie überhaupt nicht bedacht, diese Beweihräucherer. Ich konnte nicht mehr, wie diese Juristin dastand mit dem Sektglas, Gin-Tonic oder was, da hab ich die angesprochen: »Was tun Sie denn, werden Sie diese Mädchen mal umsonst verteidigen vor Gericht? Sie halten sich doch nur am Sektglas fest.« Die Juristin, blah, blah. Diese Trine kam mir als erste entgegen bei der Vernissage. Ich dachte, ich hör nicht recht. Mir wäre ja alles aus der Hand gefallen. Ich hab Gott sei Dank kein Sektglas in der Hand gehabt. Weil ich die kenn, die Olle. Mit jedem Sektglas läßt sie sich fotografieren, überall. Überall ist sie dabei. Ich wollt schon sagen, wenn Sie die Mädchen umsonst verteidigen, dann tun Sie mal was Gescheites. Aber dieses Beweihräuchern, mir wird ganz übel. Egal, wo ich hinkam, mit letzter Kraft hingeschleppt. Die haben gedacht, das mach ich zum Vergnügen. Die haben gedacht, die tun mir noch einen Gefallen mit meinen knapp zweieinhalb netto. Ich hab selber die Kartons geschleppt, ich habe doch wirklich mein Geld noch dahin gebracht und alles. Das belachen die und beweihräuchern sich selber, daß sie mich solide gemacht haben. Das hat sie ja so begeistert. Ach, das Hürchen tut ein bißchen was. Daß ich mich in dieser Arbeit

aufreibe, sehen sie nicht, stumpf und selbstverliebt, wie die sind.
Die Vernissage, da wollten sie was versteigern für ’nen guten Zweck. Da hat doch eine gesagt: »Haha, sie hat gemalt, das hat aber nicht geklappt.« Sag mal, wie sind die drauf? Man will ihnen helfen, und was hab ich davon? Ja sicher hab ich schreckliche Erlebnisse gehabt am laufenden Meter, und »jetzt singt sie Meier«. Ja, sag ich, wenn ich nicht »Meier« singe, kann ich nichts bringen. Wovon soll das denn kommen, ich bin doch keine Geldmaschine. Also besinge ich Schallplatten für ’ne gute Sache: »Alle meine Freier heißen Meier«.

Dann eben noch Coppola. Ich wußte nicht, daß das Francis Coppola war. Da kam so ein dicker Mann aus Amerika mit noch einem Bekannten von mir. Und der sagt, Coppola, er hat den »Paten« gemacht. Und weil die Zuhälter sich ja so aufgespielt haben als »Paten« und »Don Corleone« und mir Lokalverbot gaben, wollte ich die natürlich nur ärgern und hab zu dem Coppola – der wußte aber nichts von meinen Schwierigkeiten – gesagt, daß ich mit ihm tanzen will. Wobei ich sonst Tanzen hasse. Eigentlich sitze ich gern und gucke Tanzenden zu und tanze selber so allein mit. Bin keine große Tänzerin. Aber ich tanze immer mit, wenn andere tanzen. Hin und her, hab gesagt, weil gegenüber das »Chicago« ist, da hatte ich ja das Lokalverbot, und dort gegenüber war ja das »La Paloma«. Ich sag, ich möcht mit ihm tanzen gehen, und er ging auch mit ins »La Paloma« von dem Immendorff. Ich hab die ganze Nacht mit Coppola getanzt, am Fenster, da waren ja keine Gardinen, im »Chicago« nicht und im »La Paloma« nicht, vorbeigetanzt, nur um drüben die Luden zu ärgern. Wie einst Lili Marleen. Und der Dicke hat immer gedacht, wieso schleppt die mich immer am Fenster vorbei. Und drüben waren die Luden, wütend, und haben sich die Nasen plattgedrückt, warum der Coppola bei mir ist und nicht bei ihnen, wo er doch angeblich hingehörte. Ich hab sie nur geärgert. Im nachhinein ist das Kinderkram, aber ich hab mich köstlich amüsiert, und Hauptsache, die Luden haben sich geärgert.

Ich rauche sehr intensiv. Nur, ich mache keine Löcher. Ich schlafe ja nicht ein beim Rauchen. Wenn ich schlafe, schlafe ich, und wenn ich rauche, rauche ich. Und die anderen rauchen und schlafen. Das muß man sich mal vorstellen, wie das funktioniert. Ich muß aber ehrlich sagen, ich rauche ja auch viel. Leider. Ist überhaupt, glaub ich, fast das einzige Laster, was ich behalten habe. Von wegen jetzt Männerbesuche und so, ist ja überhaupt nicht mehr drin, denn die wollen sich nicht mit diesem Elend hier umgeben. Ich hatte einmal in der alten Wohnung, ich bin ja jetzt umgezogen und hab 'ne größere Wohnung, so 'ne Milchglasscheibe. Man konnte da zwar nicht durchgucken, aber die Schatten, die daran vorbeiliefen, die ganze Nacht. In der Nacht sind die besonders oft und intensiv aufs Klo gegangen. Also zwanzigmal die Spülung, ich weiß nicht, wer da erotisch noch was machen kann. Ich nicht.

Der Mann aber auch nicht. Also, der ist nur noch abgehauen.

Da war ja noch nicht von Streetwork die Rede. Ich kenne ja das Café »Sperrgebiet«, nur daß die dort in den Räumen sitzen und nie Streetwork gemacht haben. Hatten auch jahrelang dieselben Frauen betreut, also, die waren teilweise schon überbetreut. Die blieben in ihren Räumen. Und den Job, der war vom Diakonischen Werk. Die Isa damals, die sagte: »Ach können wir nicht so was mal als Aussteigerprojekt machen? Können wir mal versuchen, ob wir auch Stellen kriegen. Wir mit den Frauen.« Natürlich war ich dafür. Allerdings hatte ich dabei nicht an mich gedacht. Ich war noch erfolgreich im Job und hab aber gesagt, okay, wenn's ums Kämpfen geht, um diese Stellen, mach ich gerne mit, weil ich doch schon ein Sprachrohr war in dem Moment. Daß man mir schon aufmerksamer zugehört hat als vielleicht Fräulein Soundso. Hab also mitgekämpft. Allerdings hab ich das mit einem Teil meiner Seele nur halb machen wollen und halb nicht. Hin und her, ich hab dann gesagt, daß wir eben so einen Job machen wollen und das auch können, Aussteigerstellen und so, und da hab ich mich sehr gewundert, daß der Diakon nein gesagt hat. Der hat mich ja persönlich nie kennengelernt, der Pioch. Allerdings muß ich auch sagen: »Domenica will Sozialarbeiterin werden«, also das fand ich schon recht zynisch in einer Zeitung, mit einem Nacktfoto. Es gibt auch Fotos, wo ich hochgeschlossen bin, oder einen Pullover anhabe. Mit Foto,

das sprengte wirklich den Rahmen, also mit Riesenbrüsten.
Und dann, na ja, das paßte natürlich nicht zu dieser Überschrift, und der Diakon … Ich weiß noch, daß ich ein Telefonat mithören konnte. Von der anderen Zeitung riefen die mich an, und der sagte: »Sehen Sie doch mal das Bild in der Zeitung, diese Personen, die da sitzen …« Er hatte auch damals die Frauen als Personen bezeichnet. Aber das mache ich ja heut auch manchmal, das merke ich ja selber. Ich könnte auch im Altersheim arbeiten, meinte er, wenn ich unbedingt was Soziales machen wollte. Das könnte ich allerdings wirklich nicht, weil ich nämlich die Kraft gar nicht hätte, die Omas hochzuheben. Ich hätte die Kraft, Omas zu unterhalten, zu streicheln, zu waschen, aber ich hätte niemals die Kraft, weil ich keine Armkraft habe.
Also, was der genau gegen mich hatte? Der ist unversöhnlich mit einundsechzig Jahren gestorben. Das Schönste war ja, daß ich zugesagt hatte, nach einem halben Jahr Kampf mit dem Diakon. Ich hab mir selber einen Ruck gegeben und gedacht, weißt du was, Domenica, also das Solidewerden haben sie dir nicht gegönnt und vor allen Dingen auch nicht – wie sagt man – also überhaupt nichts. Da habe ich mir gedacht, was machst du jetzt. Weißt du was, Domenica, jetzt setzt du dich noch mal hin ins Fenster und sparst endlich. Um dann meinen Salon zu machen. Dann habe ich mich richtig hingesetzt, wirklich auch dieses Mal mit dem festen Willen, endlich zu sparen als Hure. Und mich endlich nicht mehr ablenken lassen durch Besuch, durch Trin-

ken. Also, ich hatte meine Tür immer offen, ich hatte ja für alle immer die Tür auf, und das hat mich natürlich wahnsinnig viel Geld und Zeit und Kraft gekostet. Wobei, wenn die mir wenigstens alle, die damals bei mir gesoffen haben, wenn die wenigstens alle Tischgeld gegeben hätten. Es war ja teilweise sogar so, daß sie mich noch die Getränke haben zahlen lassen. Also wenn, muß ich jetzt was tun. Das habe ich ein halbes Jahr gemacht, mit weniger Stunden, aber mit weniger Zeit vertratschen, eben effektiver gearbeitet. Auch finanziell habe ich mich nicht aufs Billige eingelassen, und ich habe dann im letzten Jahr genau dreißigtausend Mark gespart. So, jetzt hatte ich die, habe ich mir dann ausgerechnet, wenn ich das fünf Jahre mache, habe ich dreihunderttausend Mark. Dann hätte ich ja meinen Salon machen können. Und da kam auf einmal die Isa wieder und sagte: »Domenica, ich hab da jemand kennengelernt, von der Behörde, und die haben jetzt zwei Stellen. Da müssen wir nun hin.« »Nee«, sag ich, »jetzt will ich die Stelle nicht mehr.«

Noch so ein Gedicht,
ein Geschenk
und gerahmt wie für die Ewigkeit:
»Ich suche in der Nacht den dunklen
Stern … ich bin wie Schnee und geh
durch jedes Feuer …
ich hab es gern getan. ADIEU.
Ich nehm den nächsten dran … er zahlt
mit großem Geld
für kleine Abenteuer … stoß mir die Liebe
in den Leib. Vom Himmel wird
nichts übrigbleiben, was für den einen
nur Minuten
das sind für andere
EWIGKEITEN …«

Ich wollt diese Drogenarbeit gar nicht tun, damals, als ich meinen Mund aufgemacht habe. Ich dachte nur, du sprichst jetzt für die anderen. Auf einmal hatte ich die Stelle. Wie schön. Ich wollte sie gar nicht. So bin ich Vorbildfunktion für andere, daß es funktioniert und klappt. Ja, jetzt mach ich's schon zweieinhalb Jahre und komm überhaupt nicht mehr heraus. Da wird man ja gar nicht alt, bei diesem Job. Ich seh mich da nicht alt werden, weil man da gar nicht alt werden kann. Es kostet soviel Kraft, daß ich bestimmt zehn Jahre meines Lebens vorher gehe. Am Anfang dachte ich, es lohnt sich, das denke ich immer noch, es lohnt sich für jeden, immer. Ich habe diese Arbeit zu spät gekriegt, zu spät angefangen, und ich hab einfach die Kraft nicht mehr wie mit dreißig Jahren. Wenn ich diese Arbeit mit dreißig Jahren gehabt hätte, hätte ich unheimlich viel weggeschafft. Das ist mir klar jetzt. Ich bin im Grunde meines Herzens ein praktischer Mensch. Ich schaff das anders als die anderen. Ich schaff es, Herzen zu öffnen. Und das ist natürlich auch viel wert, aber mit dem Einsatz schaff ich das nicht mehr. Mit dem Bahnhof und mit den Dealern. Jetzt muß ich auch noch vor Gericht, als Zeugin, nein, wie schrecklich. Wenn ich schon das Gerichtsgebäude sehe, wird mir übel, in jeder Form.
Wenn man zusieht, als Laie, dann hat man den Eindruck, es wird nicht besser, sondern immer schlimmer. Unglaublich, was in den Familien los ist, wie es losgeht. Da fängt es doch schon an, was alles falsch läuft. Wenn sie alle falsch denken und fühlen, ist alles falsch. Das fängt überall an. Guck mal, die Schwachen, anstatt daß

man den Schwachen hochhilft, tritt man sie noch mehr. Und da sagte doch in der Talkshow dieser Rühmkorf, aus so was entsteht entweder Mafia oder solche, die das Feuer machen, die Nazis. Im Untergrund kommen solche Sachen zustande. Die Armen lassen sich treten, aber nicht so lange. Ich hab immer schon gesagt, vor zwanzig Jahren, stell dir mal vor, die Armen stehen alle mal auf. Dann können die Reichen sich aber einbunkern. Man kann die Armen nicht so lange treten und gnadenlos weitertreten. Ich finde, in unserem Staat wurden die Armen immer mehr getreten und die Reichen immer reicher. Das Gleichgewicht fehlt total. Was man bei den Kindern falsch macht, sieht jeder, der nicht blöde ist. Sie sind verelendet, allein, man schiebt sie in Heime ab oder man überfüttert sie mit Konsum, anstatt sich mit ihnen zu beschäftigen. Wenn ich hier Besuch habe, läuft bei mir das Fernsehen am wenigsten, da habe ich doch viel zu erzählen und zu tun. Ich könnte mir nie konzentriert ein Fernsehprogramm angucken, wenn hier Leute sitzen. Weil mich die Leute immer mehr interessierten als jedes Programm. Aber ich höre ja auch zu. Es gibt beispielsweise in Schweden eine Untersuchung, daß die schwedischen Eltern sich pro Tag mit ihren Kindern nur noch siebeneinhalb Minuten unterhalten. Ich hab manchmal auch wenig Zeit, aber dann hab ich eine Minute ganz viel Kraft und gebe die ganze Kraft rüber. In der einen Minute. Ich kann auch sieben Stunden sitzen und nichts sagen und hab trotzdem viel geredet.

Eine Sozialarbeiterin, die saß da mit Cowboystiefeln, die

45 »Kripo am Stammtisch«

Füße übereinander! Immer dasselbe an. Jeans und Cowboystiefel. Die saß da wie Mümmelmannsberg. Nicht bewegen, hat immer nur so geglotzt. Und ich renne mir die Hacken ab und komme immer mit einer neuen Ladung Frauen da rein, und die glotzt und glotzt. Und irgendwann erzähl ich mal, was wir nachts erlebt haben mit Vergewaltigung und Aus-dem-Auto rausschmeißen. Die kenne ich in keiner anderen Haltung als die Cowboystiefel übereinander, so richtig breitbeinig, wie der letzte Seemann. Da hat noch die Pfeife im Maul gefehlt. Und immer guck ich diese Frau an und denke, das ist eine Alkoholikerin. Ein Gesicht, zerstört wie bei einem Alkoholiker. Deshalb ist sie immer so müde. Das auch. Und deshalb bewegt die sich nicht.
Jetzt noch mal weiter, was mit mir passiert ist. Ich hatte also den Stammtisch eröffnet, am Hansaplatz, der ja nun auch sehr beliebt war, und die Mädchen hatten sich getraut zu kommen und haben immer Freundinnen mitgebracht. Und da sag ich ihr auch, wir haben jetzt weibliche Kripo am Stammtisch. Das einzige, wo sie sich wirklich aufgeregt hat, war: »Polizei am Stammtisch find ich nicht gut.« »Oh«, sag ich, »Moment, jetzt reicht's mir. Hier nur rumsitzen und die Beine übereinanderschlagen, uns angucken, als wenn wir von Sinnen wären, so ungefähr, und sich jetzt noch aufregen! Weißt du was, du bist Streetworkerin, als Streetworkerin bist du hier eingestellt worden, aber ich hab dich noch nie laufen sehen. Du sitzt nur hier mit übereinandergeschlagenen Beinen. Aber eines will ich dir jetzt sagen. Du kommst jetzt mit raus, dann weißt du, warum ich die weibliche

46 »Breitbeinig wie der letzte Seemann«

Kripo am Stammtisch habe. Hast gedacht, wir hätten die nur zum Vergnügen, nur damit die Mädchen mal endlich Anzeigen machen, damit sie den Mut haben, damit sie mal Vertrauen haben. Und ich seh dich hier mit übereinandergeschlagenen Beinen, schon ein volles Jahr!«
Sagt eine: »Domenica, ich hab gehört, meine Mutter ist hier umgekommen in der Gerhardstraße.« Und auf einmal sagt sie: »Ich möcht mal wissen, wie. Würdest du mir einen Gefallen tun und mal mitgehen und fragen.« Da bin ich mit der Kleinen in die Gerhardstraße, wo noch Althuren standen, und hab gesagt: »Das ist die Tochter von der Frau, die hier gestorben ist am Erbrochenen.« Ja, wir kennen den Fall, wir kennen auch die Mutter und so. Da sag ich, das Mädchen will das jetzt wissen mit achtzehn Jahren, die war auch im Waisenhaus. Die alten Frauen wollten immer noch nicht mit der Wahrheit rausrücken. Im nachhinein denk ich auch, daß es besser war. Auf jeden Fall haben sie gesagt, ja, da ist was passiert damals, aber wir wissen das nicht so genau, wir wollen auch nicht. Hin und her, die Kleine hat sich damit zufriedengegeben. Ich sag, Lisa, vielleicht ist es ja besser so, daß sie es nicht genau wissen. Dann geh ich zum Hamburger Berg zu der Rosi, da treff ich die alte Wilma, die ist jetzt auch siebzig, die war auch lange auf dem Strich, da an der Gerhardstraße. Und die kannte die Mutter und sagt, ach, das ist ja die, die sie auf den heißen Herd gesetzt haben mit dem Arsch, und dann ist sie am Erbrochenen gestorben. Hat natürlich nie einer rausgekriegt, woran. Diese Frau wollte ihr Kind

im Waisenhaus besuchen und hatte noch nicht mal mehr zwanzig Mark zu Ostern und hat sich von der alten Wilma die zwanzig Mark geliehen für die Ostereier, das hat der Lude ihr noch nicht mal mehr gegeben, die zwanzig Mark für das Kind im Waisenhaus. Und das hat die Wilma mir dann erzählt, sagt sie, wenn das Mädchen will, dann erzähl ich ihr, die Mutter war eine ganz liebe, nur eben … so schlimm halt. Da hab ich dann zu Lisa gesagt: »Ach du, Lisa, ich hab jetzt eine alte Frau getroffen, paar Jahre später, die kannte deine Mutter und die würde dir das auch erzählen, und die hat gesagt, das war eine ganz liebe Frau, ich muß ja selber darüber weinen.« Und da sagt Lisa zu mir: »Du, Domenica, ich glaub, ich will es gar nicht mehr wissen.« Ich sag: »Lisa, wenn du damit leben kannst, ist es auch besser.«

Wie willst du was rauskriegen, wenn sie alle dichthalten. Das war quasi mein erster Fall in St. Pauli, wo ich gedacht hab, verdammte Scheiße, und da fing ich an zu kämpfen, da hab ich gedacht: um Gottes willen, das muß doch an die Öffentlichkeit, so was kann doch nicht im Verborgenen bleiben. Aber wie der Fall sich entwickelt, ich lern dann später die Tochter kennen, lern dann noch die alte Wilma kennen, die dann Zeugin war. Also, ich war wirklich am Ende. So was kann ich überhaupt nicht verstehen. Und die Frauen, die haben sich ja heute noch nicht getraut, was zu sagen, nur die alte Wilma, die hat sowieso Mut. Also schrecklich!

Die Isa, die mir die Stelle besorgt hat, habe ich vorige Woche getroffen. Sagt sie: »Ich habe immer noch ein schlechtes Gewissen.« Sag ich: »Brauchst du jetzt nicht mehr haben.« »Ich habe dir die Stelle besorgt.« Ich sag: Was hast du? Du hast mir den dreckigsten Job der Welt besorgt, ich bin vom Regen in die Traufe geraten. Ich wollte den Job doch gar nicht. Weißt du noch, wie ich gesagt habe, ich hab dreißigtausend Mark gespart, jetzt endlich. Das will ich noch fünf Jahre machen, dann hab ich meinen Salon. Jetzt mach ich's nur noch, damit der Muff ›Hure‹ weggeht, damit ich nicht mehr durch die Stadt renne als die größte Hure Europas. Europas! wie meine Mutter vor ihrem Tod verzweifelt geschrien hat:, hast Du den Reportern erzählt, daß Du eine kaputte Matraze hast!«

»Zynikertreff«

Das Lokal nennt sich »Künstlertreff«. Genau auf St. Georg. Also »Künstlertreff« steht drüber, dick und breit. Ich dachte am Anfang meiner Arbeit, ach, such dir mal ein Lokal, wo du Abstand haben kannst, wo du dich mal eine halbe Stunde hinsetzen kannst, nicht wie in diesen anderen Schummerkneipen, wo sie Blaulicht haben auf dem Klo und wo die Mädchen rumhängen. Ich dachte, »Künstlertreff« hört sich ja schön an. Ich geh da rein, steh an der Theke, höre dieses Volk da drinnen. Dieses Pack, nur lästern und lachen über die verelendeten Gestalten draußen. Das war so ein bißchen Souter-

rain, konnten alles sehen, wie die da rumhingen und verelendet rumtorkelten. Ob Männer oder Frauen und Huren, die machten sich nur lustig.
Die ganze Kneipe, von der Wirtin angefangen, vom Koch bis zum Publikum, alles war ganz übel. Da hab ich gedacht, wie kann man sich über so 'ne Gestalten noch lustig machen, habe bezahlt und habe diesen Laden nie mehr betreten.
Ach, was lese ich jetzt Schönes in der Zeitung: Den Koch vom »Künstlertreff« haben sie erwischt mit viel Kokain, und er hat die Frauen alle angeheuert und bedroht, die mußten auch verkaufen für ihn. Das war das Lokal »Künstlertreff«, das ich nie mehr betreten habe. Wie die über die Frauen gelästert haben. Genauso wie der eine Lokalbesitzer, ein Stück weiter, die »Micky Mouse«, der die Frauen vorne, die rumgehangen sind, weggehauen hat, und jetzt haben sie ihn auch mit drei Kilo Kokain erwischt. Schön.
Die Künstlerkneipe hat mir den Rest gegeben. Da muß doch drüberstehen Zynikertreff. Aber das ist der falsche Name fürs falsche Lokal. Sind ganz viele Künstlerfotos an den Wänden signiert in diesem Lokal. Auch von Peggy P. Das habe ich der erzählt, im übrigen. Da hat sie zu mir gesagt: »Ja, ganz früher waren nette Leute drin.« Dazu ein Achselzucken, mehr nicht. Es ist nicht weit weg vom wirklichen Künstlertreff vom Schauspielhaus.
»Die haben den Hansaplatz sauber gekriegt.« Sag ich: »Habt ihr jetzt alle Kranken gesund gemacht?« Das haben die Künstler gesagt. So was nennt sich Künstler.

Die wollten einen Stacheldraht drumziehen, die Leute im Schauspielhaus. Für die, die von draußen nach drinnen kommen. Sag ich, macht mal den Stacheldraht. Wir haben Angst vor denen, die von drinnen nach draußen kommen. Ich weiß ja, was da an Drogen konsumiert wurde, mit den Einstürzenden Neubauten oder wie die komische Band hieß. Die haben das ja richtig reingebracht, das Zeug. Da ist ja vom einem Schauspieler der Sohn draufgekommen, hat er mir selber erzählt, durch diese komische Band. Die haben es ja reingebracht.

Ich hab es ja selber hinter mir. Bis hierhin, und weiter geht's nicht. Das kannst du machen, aber dann kommst du in das Loch. Carola hat man beerdigt, daher kenn ich Marlena. »Guck mal da rein«, sag ich, »da ist ein Loch, mehr ist nicht.« Die hat wirklich einen Schreck gekriegt. Die lief am anderen Tag direkt in die Drogenberatung, die kleine Marlena. Hat allerdings auch schon Augen wie Löcher, ist tot, da ist ganz viel kaputt. Schreibt mir diesen schrecklichen Brief: »Als ich geboren war, war keiner zu Hause, Milch ist im Backofen.« Die hat einen Lebenslauf geschrieben von einer tausendjährigen Frau. *Sie*, ein zwanzigjähriges Mädchen. Ich hab gesagt: »Kind, das ist ja so was Häßliches.« Aber vielleicht hat sie auch nur Häßliches erlebt.

Dann hatte ich mal eine Phase, da war ich schon in der Drogenarbeit und wollte alles verschenken. Ist vielleicht ein Jahr her. Das heißt, viel habe ich ja nicht. Ich wollte nur ein Kleid behalten und alles andere hinter mir lassen, die eingerichtete Wohnung, Koffer, Taschen, Bilder, Bücher, es war fast wie ein Zwang. Da habe ich mich verschreckt auf mein Bett gesetzt und gedacht: »O Gott, was ist denn jetzt los?« Am liebsten wollte ich leben wie eine Nonne. Aber dann hatte ich Angst vor den Konsequenzen. Nur ein Kleid? Und habe es dann doch nicht getan. Einzelkämpferin genügt ja auch. Ein Vorbild hätte ich manchmal schon ganz gerne. Dem Drewermann, dem würd ich gern folgen, mich an seine Seite stellen und ihm mithelfen, das würde mir gefallen …

Ich habe jetzt drei Jahre Streetwork gemacht, aber heute war ich am Ende. Mir ist das eine Mädchen begegnet, die Neunzehnjährige, die am Bahnhof unglücklich gesagt hat: »Jetzt habe ich Aids, und jetzt helfen Sie mir.« So ungefähr: »Ist doch nicht schlimm, jetzt helfen Sie mir.« Das hatte mich geschockt. Das Blut war das erste, die habe ich gesehen mit Blut an der Hose, und ich hab gesagt: »Mensch, ich will dir doch helfen.« »Gib mir Geld.« Ich sag: »Nee, Kleine, das ist ja keine Hilfe. Ich kann dir nachher ... wenn du willst, zahl ich dir nachher ein Zimmer. Das kann ich machen, ich kann dir auch Zigaretten geben, aber kein Geld. Wir wollen dir länger helfen. Mit anderen Worten, besser helfen, daß für dich mehr dabei herauskommt.« Hat sie auch verstanden. Dann sagt sie: »Ich geh mich nur noch umziehen.« Kam aber nicht wieder.

Dann kam die andere, volle Flecke, mit einem Typ, der hatte schon eine Beule. Den hatten sie angeblich vor drei Tagen überfallen. Ich sag: »Wie siehst du denn aus.« Sie voller Tabletten, er stützte sie, zerrte und stützte, und dann sag ich: »Mein Gott«, das Mädchen kannte ich von vor zwei Jahren. Ein bildschönes gepflegtes Mädchen. Hat sogar noch eine Mutter, die ewig nach ihr fragt auf dem Strich, die Mutter ist sehr nett. Das Mädchen war im Knast, und da hat sie diesen Typen kennengelernt, und der hatte Aids, und da hat sie ihm immer nur geschrieben. Dann haben sie sich draußen getroffen, und dieser Typ, so wie er heute auf mich wirkte, hat jetzt endlich ein Opfer, das sich an ihn krallt, weil sie jetzt eine Gemeinsamkeit haben, das ist die

Krankheit Aids. Der hat ihr bewußt Aids angehängt, um eine Partnerin zu haben, um nicht allein zu sein mit seiner Krankheit. Als ich diesen Typen erkannt habe, sag ich: »Das Mädchen muß doch ins Krankenhaus.« »Nein«, sagt er, »die kann ich zwei Stunden an der Luft besser rumführen.« Hat er ja nicht ganz unrecht. Aber wie die hier rumkroch mit den ganzen Tabletten, die brach immer wieder zusammen, und er zerrte sie immer wieder hoch. Ich sage: »Du lieber Gott, so geht das doch nicht, da muß doch was passieren. Ich kann euch nicht so hier stehenlassen.« Dann wollte einer einen Krankenwagen rufen. Da kam so ein solider Heini, wie der Förster vom Silberwald, geschniegelt und gestriegelt, an das Fenster von dem Krankenwagen und rief: »Das macht die doch nur extra, seit drei Tagen fährt sie hier mit dem Krankenwagen herum.« Ich sag: »Na, hören Sie mal, sind Sie der Meinung, daß so'n Mädchen, das so aussieht, das extra machen kann?« Krankenwagen wollte die nämlich gar keinen. Die wollen alle keinen Krankenwagen. Das ist ja das Schlimme, weil sie ja wissen, dann kriegen sie nichts, sind auf Entzug. Da sag ich zu dem Jungen: »Nee, Junge, ich kann das nicht mitansehen. Die muß in den Krankenwagen, und du mußt mit in den Krankenwagen, du kannst sie ja begleiten.« Hab ich ihm noch einen Zehner gegeben und gesagt: »Ich geb dir nur den Zehner, wenn du mit ihr im Krankenhaus bleibst. Mit dem Krankenwagen.« Na, da hat er's dann endlich eingesehen. Und da sagte dann eine andere zu mir: »Ja, das ist jetzt die Zeit, wenn sie im Krankenhaus liegt, da kann er sie nicht auf den Strich schicken, dann fehlt ihm das Geld.« Ich kenne das Mädchen, bildschön. Ich kenne sie noch ohne Aids.

Die Heide sagte neulich: »Oh, meine Mutter will immer mit dir reden, aber die ist auch Alkoholikerin.« »Ja«, sag ich, »dann kann sie ja ruhig mit mir reden, aber wenn ich helfen soll, muß sie auch erst einmal vom Alkohol runter.« Das ist auch 'ne Droge. Zwei Schwestern, die Mutter auf Alkohol. Ach Gott, was für ein Grauen.

Die Jasmin ist auch erst zwanzig Jahre alt, und die ist jetzt auch positiv. Ich habe heute also quasi zwei Positive gesehen, die aber erst positiv geworden sind in der Zeit, wo ich Streetwork mache. Weil es eben keine Möglichkeit gibt, die unterzubringen, oder wo es zumindest eine Zwischenstation gibt, wo man sie erst mal unterbringen kann, weil der Entzug in Ochsenzoll zu hochschwellig ist. Vom Strich nach Ochsenzoll, das ist zuviel. Wenn die Mädchen eine Zwischenstation hätten, das ginge.

Ich war heute mit RTL unterwegs, aber das war ein Chaos. Das war wirklich ein Chaos. Da haben sie noch eine alte Prostituierte mitgefilmt, die sagt, ich hab ihr vorige Woche noch Erbsensuppe gegeben. Die wollte sich beschweren. Ich sag: »Ich sorge dafür, daß du was dafür bekommst.« Mit Recht. Ich hab ja vorher gesagt: »Ihr könnt ja nicht einfach gnadenlos filmen und basta! Mit anderen Worten, wie lange soll man sich hier noch abfilmen lassen, wenn nichts passiert. Oder ihr müßt pervers sein.« Die haben es dann begriffen, die waren das erstemal selber geschockt, obwohl es am Anfang meiner Arbeit war. Da sind zu viele Parasiten unterwegs, der Sozialvoyeur ist geblieben, der Kopfmensch hat geschaltet. Ruckzuck wußten viele, wie das läuft. Blutspenden für eine Handvoll Naschzeug oder einen Druck.

Es ist furchtbar. Ich hab das noch vor der Tür gesagt, mit dem Blutpanschen. Skandal! Sag ich: »Wo ist denn hier die richtige Prostitution, wir sind doch nur das kleinste Licht, wir haben doch viel Arbeit für wenig Geld tun müssen. Aber dieser Millionenskandal infiziertes Spenderblut, zusammengepanscht aus Geldgier. Das ist für mich die wahre Käuflichkeit.« Sag ich: »Nun geht doch nicht immer zu den kleinen Lichtern. Das kleinste Rädchen im Getriebe sind doch nun mal wir.« Ich war so empört über diese Zustände. Ich muß ehrlich sagen, ich weiß auch nicht, wie man so was verarbeiten will, wenn man dann allein im Bett liegt. Ich find mich jeden Morgen am Fußende wieder, wobei ich das in meinem momentanen Zustand normal find, ich würd mich erschrecken, wenn es anders wäre.

Sind doch alles Kinder von Alkoholikern. Die Kinder haben die Last, und Lou sagt: »Ich wär froh, mein Kind wär in der Geschlossenen.«

Das find ich auch so eine Aussage! Wobei die Lou in die Geschlossene gehört, weil sie gewalttätig ist. Die Mutter, die selber gewalttätig ist, hat mir ihre Tochter als gewalttätig beschrieben, und ich lerne ein ganz feines sensibles Mädchen kennen, als ich sie besucht habe. Ich war ganz erschrocken. Die Tochter sagt zu mir in

Ochsenzoll, da war sie nämlich in der Entgiftung: »Du, meine Mutter, die will noch ein Kind, hätt sie sich mal besser um mich gekümmert, als jetzt noch ein Kind zu wollen.« Ist wahr! Jetzt kenn ich mittlerweile in meinem engsten Umfeld drei Kinder von Alkoholikern, die alle diese Problematik haben, daß sie behindert sind. Teilbehindert. Das ist doch schlimm. Dann sitzt hier 'ne kleine Drogenabhängige vor mir und sagt, sie hätte sich um ihren Jungen gut gekümmert. Ja, der Junge mag gesund und propper aussehen, aber was der für Gehirnschäden hat, weiß man ja auch noch nicht.
Das hat die Ruth ihr eingeredet. Die war doch mal bei Ruth. Guck dir mal den Günther an. Günther ist auch behindert, Ruth Alkoholikerin, alle Gehirnschäden, alle. Die kleine Josi ist doch so zurückgeblieben. Körperlich. Ich kann sie dir aufzählen. Daniela, Alkoholikerkind, Lou, Alkoholikerkind, auch behindert, das Mädchen auf Drogen, Ulrike, Alkoholikerkind. Ja, die haben alle einen Schaden, verdammt noch mal. Ich traf am Hansaplatz eine Frau und einen Mann, beide Vollalkoholiker. Auf einmal haut die sich auf den Bauch und sagt: »Hier kommt mein fünftes.« Ich sag: »Ja, wo sind denn die anderen vier?« Ganz erschrocken sagt sie: »Ja, wo sind denn die anderen vier? Weg, aber das behalt ich«, und haut sich auf den Bauch. Vollalkoholiker. Meine Schwester war auch Alkoholikerin.
Und Lou sagt ja mit Recht, die Christine hat das kleine Kind geschlagen, weil sie überlastet war, ihre Tochter. Jetzt hat sie sich selber in die Entgiftung gemeldet. Denn das wurde ihr selbst, der Christine, zu gefährlich

mit ihrem Kind. Das finde ich noch hochanständig. Aber Lou sagt, wenn die jetzt wieder losgelassen wird, die kriegt gleich das nächste.

Zum Beispiel ein Chefredakteur, seine Tochter ist gestorben. Da kann mir keiner sagen, daß die aus Geldgründen auf dem Strich sind. Kommen ja aus den Oberen-Zehntausend-Familien, Politikertöchter ja auch. Da fährt die Mutter mit ihrer Tochter immer nach England, damit es hier nicht rauskommt. Ich meine, gut, denen bleibt meistens die Verelendung erspart, weil sie immer wieder Geld kriegen, wie hier die Hauseigentümer, der Sohn, weil die Eltern dann die Mieten bezahlen und die Klamotten. Letztendlich dauert das Leiden dadurch länger. Weil man's nicht so schnell sieht. Wenn die immer saubere Klamotten anhaben …

Da war mal ein Fall im Palais d'Amour. Das war ein Pastor. Allerdings ein evangelischer, sonst wär er ja nicht mit Frau gekommen. Der Pastor war morphiumsüchtig und kam in den Puff. Also, was muß der den Klingelbeutel ausgeraubt haben! Auf jeden Fall, eine Kollegin von mir hatte den Pastor, und das war ein ganz hagerer, der sah schon so wirre aus. So was noch als Pastor! Auf jeden Fall kam der Pastor mit Frau morgens zu dieser Kollegin, und die Frau sagt: »Hören Sie mal, das können Sie doch nicht machen, mein Mann war hier und der hat das ganze Geld hier ausgegeben.« »Ja«, sagt sie, »was kann ich dafür, wenn Ihr Mann hierherkommt, halten

Sie doch Ihren Mann fest.« Der ist nachher irgendwann, Jahre später, rausgeworfen worden, aber das hat lange gedauert, bis der aufgeflogen war. Und dann sagt die Kollegin: »Wie, das können Sie nicht machen, was hab ich damit am Hut?«

Dann die Sache vom »Reitclub«. Die erste Beerdigung auf St. Pauli. Das war das Letzte, das Allerletzte. Aber ich hab auch Pech mit Beerdigungen, das ist schon nicht mehr normal. Auf der einen wollten sie ins Grab springen, auf einer anderen haben sie den Goldschmuck reingeworfen, auf der nächsten kommen die ganzen Transvestiten stinkbesoffen an.
Die erste Beerdigung, das war der »Reitclub« in der Gerhardstraße. »Reitclub«. Da haben die Frauen auch vor dem Lokal angeschafft. So, die Doris stirbt. Die war auch noch nicht alt. Und die hatte einen ganz brutalen Typ, der Jahre später auch erschossen worden ist. Schießt eine Frau durch die Badezimmertür, der Sachsenfränki. Da hat der ganze Kiez und sogar die Zuhälter haben gesagt, Gott sei Dank, so ein Schwein haben sie noch nie auf dem Kiez gesehen wie diesen Sachsenfränki. Das steht dann auch in der Zeitung. Eine Frau hat den irgendwann in Blankenese durch die Badezimmertür erschossen, später. Dieser Typ war mit dieser Doris zusammen. Die Doris stirbt. Der geht zu dem Laienprediger-Pastor, weil eine Hure ist ja auch noch immer so eine Sache, und da sah der den Kranz vom »Reitclub«. Jetzt sagt der Laienprediger zu diesem Zuhälter: »Ist ihre Frau gerne geritten?« Dieser Zuhälter konnte

ja nicht zugeben, daß er seine Frau gar nicht kannte, außer ihr auf dem Strich Kohle abzunehmen, und sonst wußte er ja nun gar nichts von dieser Doris.
Er hat gesagt: »Ja, ich glaube, wir waren mal im Urlaub am Strand, da sind wir mal geritten.« Auf einmal geht das los. Anne war da, von der Ritze, Stummi, die Wirtschafterin, wir waren da. Jetzt geht der Laienprediger hin und fängt an zu predigen. Die arme Doris. Und sie ritt so gern, und sie ritt und sie ritt, und er hörte gar nicht mehr auf von diesem Reiten. Die ersten zweimal »ritt« haben wir ja noch ertragen. Auf jeden Fall ging es los, der erste pfch, pfch, und auf einmal die ganze Trauergemeinde, brüllendes Gelächter. Das war die erste Beerdigung, die ich in St. Pauli erlebt habe.
Bei der zweiten haben sie die Emely ins Grab geworfen, in der Nacht haben sie die Emely wieder rausgeholt. Den Spruch habe ich mal losgelassen: Ich gehe niemals auf eine Zuhälterbeerdigung, es sei denn, hinter einer Hure laufen mal tausend Zuhälter her.
Ich kenne nur Sozial-Beerdigungen. Die ärmlichsten Beerdigungen. Daß man da noch Blümchen kaufen muß, damit es nach mehr aussieht, und die machen da Beerdigungen! Der alte Sascha ist gestorben. Da hab ich gesagt: »Gehst du auch dorthin?« »Was, zu dem Schwein, der dafür gesorgt hat, daß ich im Lokal zerschlagen worden bin wegen einer Frau, der das Auge hier unten hing.« Das war im »Anbau«, da mußte ich danebensitzen, stundenlang. Der ist ganz schnell verschwunden, als ich das Lokal betreten hab. Mit dem Schwein soll der noch mitgehen? Und dann später sagt

er: »Ich hab nichts damit zu tun.« »Doch«, sag ich, »du hast wohl damit zu tun. Bist nämlich noch schnell abgehauen, bevor ich kam. Ich hab ihn nämlich noch von hinten weglaufen gesehen.« Dieser alte Sack!
Ich hab erlebt, daß ich in der Davidstraße bin und sag: »Wieso, du wolltest doch in Urlaub fahren?« Da sagt die Kleine zu mir: »Nee, ich hab gestern gesoffen, jetzt darf ich nicht fahren.« Ich sag: »Du darfst doch von deinem Geld trinken.« Ich hab auch erlebt, daß sie gesagt haben: »Mir hat mein Zuhälter einen schönen Ring gekauft.« Sag ich: »Hast du noch gar nicht gemerkt, daß du dafür anschaffst?« Also nur so. Als Kind, da war ich dreizehn Jahre, wie ich nach Hause kam, ein Schock war ja das Zuhause. Mein Stiefvater besoffen, ich hab ja vorher nie so etwas erlebt. Da habe ich meine Freundin mitgenommen von der Schule, und wir haben Hochzeit gespielt. Mann und Frau und Kleider probiert. Guckt er ins Zimmer und schreit: »Ihr seid lesbisch.« Das waren alles so dreckige Gedanken, und die haben mir so einen Schock versetzt. Und dann die Furore mit dem ersten Kuß von meiner Mutter. So kann man auch kleine Seelen verletzen. Wir wollten Hochzeit spielen. Da hab ich ja noch geträumt von der Hochzeit, aber der Traum war schnell beendet mit lesbisch und mit der ersten Ohrfeige, Hure, Hure, da ist man sehr verletzt. Und ich habe wirklich mit lesbisch bis heute nichts zu tun. Vermute ich einfach so. Vielleicht haben wir das alle tief drinnen, aber das ist auch egal, es geht mich auch nichts an. Würde mich sogar freuen, wenn ich's drin hätte. Es hat mir weh getan, damals. Da hab ich dann eben aus

Trotz gedacht, so, wenn die Hure sagen. Ja, es hatte wohl damit zu tun. Find ich schlimm, und deshalb geh ich auch ganz vernünftig damit um. Siehst ja, mit Daniela.

Meine Mutter war eigentlich eine prüde Frau. Davon rede ich immer. Meine Mutter war auch eine geizige Frau. Die hat mich für einen Pfennig kilometerweit zurückgeschickt. Mit dreizehn Jahren. Das hat man bei Zockern, daß die so geizig sind. Mit meiner Mutter ist dann mit den Jahren aber eine große Veränderung passiert, und das habe ich schon als Kind erkannt, daß da was nicht stimmt. Habe ich auch immer zu ihr gesagt. Sag ich: »Du, hör mal, ich mach nur die Beine breit, und du hältst ewig den Kopf offen dafür.« Das hat mich eben auch diese Arbeit machen lassen und diesen Kampf, weil ich schon als Kind Schwierigkeiten damit hatte.

Mit vierzehn wollte ich Modezeichnerin werden. Meine Mutter hat mich ins Büro gesteckt, weil sie gesagt hat, sie habe Schulden. Darum mußte ich ins Büro, wegen ihren Schulden, ist doch Blödsinn. Und meine Begabung lag ganz wo anders. Die lag bestimmt nicht im trockenen Papier.

Heute bin ich froh, daß ich so großgeworden bin, darum kann ich heute mit Pfennigen auch rechnen. Ich verschenke ja mehr, als ich wirklich für mich brauche. Meine Mutter hat mir noch nicht einmal das Minimum gegeben. Und das erlebe ich auch heute oft bei den Drogenabhängigen. Daß die Mütter dann eine Ausrede haben und sagen: »Du bist drogenabhängig, du kriegst keinen Groschen.« Aber die muß ja wenigstens für 'ne

Cola Geld haben und für die Bahn. Nein, die sind nur zu geizig. Ich würde Drogenabhängigen auch kein Geld in die Finger geben in dem Sinne. Oder das Kontrastprogramm, die Mütter, die sich im Reisebüro nie darum gekümmert, nur Geld dagelassen haben. Tschüß, tschüß. Und meine Mutter ja auch. Die war sechs Wochen unterwegs auf Zock- oder Verkaufstour und hat uns allein gelassen. Das war ja für uns der Schock. Im Waisenhaus hatte alles noch seine Ordnung.
Auf einmal kommst du raus, und da ist ein Loch. Und was für eines. Da fing ich auch an, die Schule zu vernachlässigen, obwohl ich als Kind immer so gerne in die Schule gegangen bin, und da ging das erst mal richtig los. Im Waisenhaus wollten sie mich ja noch lernen lassen und auf die höhere Schule schicken. Und da holen sie mich raus, als ich vierzehn war. Das war für mich ganz ungünstig, ich hatte die Orientierung verloren.
Ich hab mir später gewünscht, ich würd einen »von« heiraten. Nur wegen dem »von«. Ich hatte auch einmal einen »von Monteton« kennengelernt. Dachte ich, na, von Monteton hört sich aber auch nicht so besonders an. Auf und Davon haben wir gescherzt.

47 Domenica-Film: Bruder Amando (Max Kellermann), Mutter (Andrea Ferréol), Regisseur Peter Kern

»Ich hab keine Probleme damit, morgen neu anzufangen.«

Im ersten Jahr, muß ich dazusagen, der Dakota, er hat ja jetzt eine solide Kneipe in Othmarschen, auch tolle nette Gäste, und wir kennen uns ja noch vom Kiez. Auf jeden Fall, nachts geht das Telefon. Nikolaus. Das war das erste Jahr, wo ich jetzt solide bin in dem neuen Job hier. Und da hab ich gesagt: »Ja, Uwe, wenn's ein paar Mark nebenbei gibt, mach ich.« Na ja, gab auch ein paar Mark nebenbei. Auf jeden Fall, am anderen Tag denk ich, was hast du denn gestern gesagt? Nikolaus. Fünfzig Männer. Ich war ja davor noch nie in der kleinen Kneipe gewesen. Bei fünfzig Männern ist die schon rappelvoll. Also, da hat man ja keinen Platz mehr für Bauchschmerzen. Ich sage: »Ja wer kommt denn?« Nur Männer. Fünfzig, sechzig oder siebzig Männer oder so ähnlich. »Oh«, sag ich, »o Gott, ich allein fünfzig Männer.« Nee, das hab ich mir nicht mehr zugetraut. Hab ich dann eine Freundin angerufen, ich weiß nicht, wieviel Kilo sie hat. Wie schwer ist Mareies? Hundertsechzig. Und die macht auf Dominahund in Leder. Und mit ihren hundertsechzig Kilo hat die sich natürlich als Knecht Ruprecht verkleidet in Leder, und na ja, sie war auch bereit, mitzumachen, daß ich nicht so ganz allein bin. Ich schubse natürlich diese Hundertsechzig-Kilo-Dame als erstes in die Türe rein, da war die Türe schon mal besetzt. Die war also ausgefüllt mit Mareies. Also, so was hat man noch nicht erlebt. Ich sag dir, die Männer haben den Mund aufgerissen ... still, ungläubig, die Augen, daß es so was gibt, haben die auch noch nicht gesehen. Ich glaube, Mareies ist ja auch in der Richtung ein Einzelstück. Und ich kam hinter Maries ganz klein als Nikolaus. Auf jeden Fall hatte ich mir ein paar Stichworte aufgeschrieben.

Korsage und darüber den Nikolausmantel. Das mache ich jetzt schon das dritte Jahr. Nüchtern halt ich das nicht durch. Da kann man ja auch was zum Trinken sagen. Weil ich ja jetzt seit längerer Zeit nur noch sehr selten trinke. Sagen wir mal alle paar Wochen, und dann aber richtig, dann gnadenlos viel, und dann hab ich aber auch wieder sechs oder acht Wochen, wenn ich Glück habe, Ruhe. Aber diesen Nikolaus hab ich noch nie nüchtern überstanden. Das muß ich leider sagen. Ich war jedesmal besoffen am Nikolaus. Mein Lieblingsgetränk waren sowieso immer nur heiße Getränke. Heiße alkoholische Getränke. Tee mit Rum. Oder sogar heiße Milch mit Wodka. Immer heiße Getränke. Das war eine schlimme Zeit, die paar Wochen mit meinem Herzrasen. Den habe ich aber schnell abgesetzt, den Kaffee-Cognak. Also, der ist ja grausam.

Ich habe keine Probleme damit, morgen neu anzufangen. Mir können sie morgen die Arbeit wegnehmen, da sag ich, ja gut, und orientiere mich total neu. Ich bin offen für alles, offen nach allen Seiten. Hauptsache, es wird nicht langweilig. Wie es mit mir weitergehen soll, da überleg ich überhaupt nicht. Ich hab soviel überlegt, was ich mal werde, was mal kommt, und alles ist anders, und alles wird immer anders.

Ich laß alles auf mich zukommen, und wenn ich Glück hab, kommt noch viel auf mich zu. Ich hab aufs Glück gesetzt.

Ja, es ist ’ne tolle Zeit. Das sprengt den Rahmen, das hier zu erzählen. Ich habe mir in zwanzig Jahren keine Läuse und nichts geholt, und muß mir die hier im soliden Job holen. In St. Georg haben die alle Läuse. Weil die Pensionen, wie gesagt, teuer sind und keine frische Bettwäsche. Bin aber zweieinhalb Jahre weggekommen von den Läusen. Ich kann mir das nicht erklären. Hatte viele Mädchen aufgenommen. Da sagt eine Drogenberaterin: »Du kriegst Läuse, paß auf.« Ich hab immer gesagt: »Ich krieg keine Läuse.« Und ich hab zweieinhalb Jahre auch tatsächlich keine Laus gehabt. Auch keine Krätze. Und gerade in dem Moment, wo ich schwach war, da dachte ich noch, o Gott, irgendwas stimmt hier nicht bei den Mädchen. In der Sekunde, wo ich schwach war, konnte mich die Laus angreifen. Soviel Goldgeist wie ich gebraucht habe in den drei Jahren, und dann eben Loch an Loch. Alles verbrennen die ja. Ja, wenn die voll sind, abnicken mit Polamydon, und dann haben die als Beikonsum noch Tabletten, dann schlagen die ein und dann ... Loch an Loch, jede Menge, furchtbar. Also in meinen teuren türkischen Teppich ein Riesenloch. Da hatte ich auch ein Mädchen aufgenommen, die hatte so ’n Loch fünf Zentimeter tief und zwanzig Zentimeter breit am Fuß, alles total vereitert, und die hat mir in den alten türkischen Teppich ein Loch gebrannt und, ich muß sagen, die habe ich dann auch aufgenommen, und die mochte ich auch sehr gerne, achtzehn Jahre, HIV und Epileptikerin von Kind an. Das Loch im türkischen Teppich war gerade gestopft, ihr Loch am Fuß gerade zugeheilt, an dem Tag war sie wieder rückfällig. Also, die zwei Löcher waren gerade zu, sie wieder auf den Strich.

Neulich
bekam ich einen Zettel aus dem CUNEO.
Ein alter Freier aus der Schweiz hatte ihn geschrieben.
Damals schenkte er mir immer die schönsten Blumen.
Jetzt dieser Zettel, zehn Jahre später,
in einem italienischen Restaurant auf Sankt Pauli:
»DOMENICA, erinnerst Du Dich noch
ES IST NOCH NICHT ZU SPÄT –
wir können immer noch nach Venedig –
ruf mich an: 69 23 01 ...«

48 »Ich sage oft zu meinen Schutzengeln: Jetzt geht schlafen«

Bildnachweis

Archiv Autor: 2, 3, 4, 5, 6, 7, 8, 9, 10, 11, 12, 14, 18, 20, 22, 23, 29, 30, 32, 34, 35, 36, 37, 38, 41, 47
Bilderberg Archiv (André Reiser): 15, 16, 17, 19
Lilian Birnbaum: 21
Jörg Bookmeyer: 26
Wolfgang Ebert: 27
Emma (Bettina Flitner): 13, 42
Michael Jaeger: 48
Klaus Meyer-Andersen: 28
Nele: 1
PAN-Foto: (Günter Zint): 24, 25, 40, 43
Marion Schröder: 31, 33
Philipp von Studnitz: 39
Rolf Tobis: 44
Volker Wenzlawski: 45, 46

Knaur®

Anaïs Nin – poetisch pornographisch

(742)

(806)

(3252)

(65052)

(65054)

(3159)